西南边疆山地区域开发开放协同创新中心研究丛书

钟昌标　主编

低丘缓坡山地生态开发初探

理论与案例

ECOLOGICAL DEVELOPMENT STUDY OF LOW HILLS GENTLE SLOPE MOUNTAIN

Theory and Case

张洪　等／著

社会科学文献出版社
SOCIAL SCIENCES ACADEMIC PRESS (CHINA)

内容提要

随着工业化和城镇化进程的加快，社会经济发展对土地资源的需求不断提升，低丘缓坡山地开发成为必然的趋势。本书针对云南省低丘缓坡区域地形复杂、生态环境敏感脆弱、开发利用效率低的特点，从构建生态和谐视角，分析了为什么要开展低丘缓坡山地生态开发以及云南省低丘缓坡山地开发的潜力研究现状；并以大理市为例开展了低丘缓坡土地建设开发适宜性评价研究，划分出大理市低丘缓坡土地利用分区；以昆明市西山区花红园区块为例，运用土壤侵蚀经验模型，定量分析低丘缓坡建设开发前后土壤侵蚀量的变化，开展了低丘缓坡建设开发对项目区水土流失的影响研究；以大理市海东区为例，开展了基于生态敏感性评价的山地城镇建设用地选择与空间用地布局研究；以云南省富民县哨箐区块为例进行了低丘缓坡山地建设开发景观生态规划研究；同时，进行了大理市土地生态安全评价，对大理市低丘缓坡生态经济区进行了功能布局研究。这些研究为低丘缓坡山地生态开发提供了技术支撑。

　　本书适合于从事国土资源管理、环境管理和城市管理的政府相关部门工作人员，并可作为高等院校土地资源管理、城市规划、资源环境与城乡规划管理、区域与城市经济、资源环境经济等专业领域的研究人员、教师、研究生、本科生的参考书。

Abstract

With the development of industrialization and urbanization, the demand of social and economic development of land resources continuously, low hilly mountain development has become an inevitable trend. This book for the low hilly terrain of Yunnan province area, complex ecological environment fragile, utilization efficiency is low, from the construction of ecological harmony, analysis of how to implement low hilly mountain ecological development in Yunnan province and the low hilly mountain development potential of the present situation of the research; and in Dali city as an example to carry out the suitable evaluation of land development and construction of low hill slope, divided into land use zoning in hilly slope in Dali city; Kunming Xishan District red block as an example, using the soil erosion model, quantitative analysis of changes of soil erosion in the hilly slope construction before and carried out the construction of hilly slope soil erosion the project area; in Haidong District of Dali city as an example, to carry out urban construction based on ecological sensitivity evaluation of mountain land selection of layout and space in the cloud; The southern province of Fumin County Shao Qing block as an example of low hilly mountain development and construction of landscape ecological planning; at the same time and the evaluation of land ecological security in Dali City, Dali city on the hilly slope ecological economic zone function layout research, provide technical support for the research of low hilly mountain ecological development.

This book is suitable for the government departments engaged in land resources management, environmental management and city management of colleges and universities, the management of land resources, city planning, urban planning and management, regional and City Economic and environmental resources in the economic field of professional researchers, teachers and graduate students, undergraduate students as a reference book.

前　言

　　山地开发利用是在新形势下统筹开发与保护资源，落实十八大"形成节约资源和保护环境的空间格局、产业结构、生产方式、生活方式"的国土空间开发战略，其对因地制宜拓展建设用地空间，减少优质耕地占用，促进地区城镇化发展，保障地区粮食安全，促进经济社会可持续发展与国土空间利用相协调具有重要意义。我国陆域国土空间中，山地高原丘陵约占 69%。山地高原具有小气候调节的功能，是能源、矿产资源的富集地区，还是很多河流、水系的发源地，更是主要的生态屏障。国土空间格局优化需要统筹占国土面积一半之多的山地单元，强调其生产与生活功能的同时更应该重视山地生态功能。低丘缓坡山地生态开发是促进工业化、城镇化发展与解决粮食安全与土地资源约束问题的有效途径，有利于优化国土开发格局、保障生态文明建设，建设美丽中国。

　　任何有人类活动的国土空间都同时发挥着生产功能、生活功能和生态功能的作用。对于具备多功能性与异质性特征的山地如何确定其功能定位和发展方向是优化我国国土空间开发格局迫切需要解决的科学问题。从云南、浙江、福建等省份已开展的低丘缓坡山地开发的实践看，低丘缓坡山地开发与坝区土地利用存在许多需要考虑的特殊因素。各地在具体实践中，形成了丰富多样的低丘缓坡山地开发模式，并初步对低丘缓坡山地在土地用途、规模、布局、政策等方面做了有益的探索，但整体来看，尚有许多科学和技术问题亟待解决。

本书是在笔者多年来主持开展低丘缓坡山地开发土地利用研究的部分成果基础上编辑形成的。配合笔者开展研究的硕士研究生主要有石文华、王一涵、陈凤娇、林丽、王安琦、曹京、束楠楠、邱渝、董世杰、宋贝杨。本书第二章，参考了笔者主持的一项研究课题中的专题报告之一，参与这个专题报告研究的教师有李彦、刘春学、刘洪江、雷冬梅、袁磊、孟春林等。本书写作分工：第一章　张洪；第二章　张洪、李彦；第三章　张洪、曹京、董世杰；第四章　张洪、石文华；第五章　张洪、王一涵、束楠楠；第六章　张洪、陈凤娇；第七章　张洪、王安琦、宋贝杨；第八章　张洪、林丽。在此，笔者对上述为本书做出贡献的研究生和教师，表示衷心的感谢。

山地生态脆弱，拓区上山，必然对山地生态系统产生一定的干扰。因此，山地开发必须科学、优化，尽量减少山地建设开发对山地生态系统的破坏，构建生态可持续的山地开发模式，有效推动城镇村落一体化用地布局，优化国土空间布局。这既可以带动山区产业的发展，提高山区居民的收入水平，减少山区贫困人口；又尽可能保留绿水青山，促进生态修复和山地人工－自然复合生态系统可持续发展。本书只是对低丘缓坡山地生态开发的初步尝试和探讨，许多问题还需要在今后的科学研究和大量生态监测中，逐步深化认识和解决。因此，本书一定存在遗漏和不全面、不深入的地方，希望各位专家和读者给予指正。

张洪

2016 年 9 月 2 日

于云南财经大学康园

目 录

第一章　为什么要开展低丘缓坡山地生态开发 ……… 001

第一节　低丘缓坡山地开发是国家与地方重大需求 ……… 001

第二节　国内外低丘缓坡山地开发技术发展现状 ……… 007

第二章　云南省低丘缓坡山地开发潜力 ……… 012

第一节　云南省低丘缓坡土地资源现状 ……… 012

第二节　云南省低丘缓坡土地资源的主要特点与存在

问题 ……… 016

第三节　云南省级层面低丘缓坡土地建设开发利用

适宜性评价 ……… 019

第三章 基于 GIS 的低丘缓坡土地建设开发适宜性评价

——以大理市为例 ················· 061

第一节 研究区概况及低丘缓坡评价范围确定 ·········· 063

第二节 低丘缓坡土地建设适宜性实证研究 ·········· 065

第三节 结果分析 ································ 070

参考文献 ···································· 079

第四章 基于 GIS 的低丘缓坡土地建设开发对项目区水土流失的影响

——以昆明市西山区花红园区块为例 ·········· 082

第一节 数据来源 ······················· 083

第二节 研究模型和各因子计算 ··············· 083

第三节 结果分析 ······················· 090

参考文献 ···························· 097

第五章 基于生态敏感性评价的山地城镇建设用地选择与空间用地布局

——以大理市海东区为例 ············· 098

第一节 国内外研究进展 ················· 099

第二节 研究区概况 ··················· 100

第三节 海东区生态敏感性评价 ············· 102

第四节 山地城镇土地利用结构优化配置 …………… 108

第五节 海东区城镇用地布局方案 …………………… 112

第六节 研究结论与展望 ……………………………… 122

参考文献 ……………………………………………… 123

第六章 低丘缓坡山地建设开发景观生态规划

——以云南省富民县哨箐区块为例 ………… 126

第一节 研究区概况 …………………………………… 127

第二节 研究方法 ……………………………………… 128

第三节 生态适宜性评价 ……………………………… 128

第四节 景观生态规划 ………………………………… 140

第五节 景观生态规划对生态环境的贡献 …………… 156

第六节 结语及展望 …………………………………… 158

参考文献 ……………………………………………… 160

第七章 基于 OWA 的大理市土地生态安全

评价 ……………………………………… 163

第一节 OWA 技术原理与方法 ……………………… 164

第二节 基于 OWA 的大理市土地生态安全评价过程 … 166

第三节 大理市土地生态安全评价结果与分析 ………… 168

第四节 结论 …………………………………………… 174

参考文献 ……………………………………………… 175

第八章　大理市低丘缓坡生态经济区功能布局 …… 177

第一节　国内外研究现状 ……………………………… 178

第二节　研究区概况及数据来源 ……………………… 180

第三节　大理市低丘缓坡生态经济区区划 …………… 185

第四节　大理市低丘缓坡生态经济区主体功能定位 …… 193

第五节　研究区生态经济功能分区概述和协调发展
　　　　模式 …………………………………………… 202

第六节　研究结论与展望 ……………………………… 207

参考文献 ………………………………………………… 209

第一章 为什么要开展低丘缓坡山地生态开发

第一节 低丘缓坡山地开发是国家与地方重大需求

一 低丘缓坡山地开发是我国协调耕地保护与城镇化发展的迫切需要

我国是一个多山国家，2/3 的国土面积是山地和丘陵，耕地资源十分紧缺，人均耕地占有量仅为世界平均水平的40%，中低产田占耕地总面积的70%。近年来，随着经济的快速发展和城镇化水平的不断提高，我国耕地总量不断减少，仅2001~2008 年的 7 年间耕地减少了 8800 万亩，耕地保护形势严峻。国家十分重视耕地保护，指出严格保护耕地是确保国家粮食安全与社会稳定的坚实基础，最严格的耕地保护制度将始终是我们坚持的一项基本制度。

目前，我国正处在城镇化快速发展阶段，2015 年城镇化率已达到 56.1%，"十三五"期间，我国城镇化率还要提高 4

个百分点。随着农村人口向城镇的不断迁移，城镇用地空间日益不足，城镇扩张对耕地资源的占用不断增加。为有效协调耕地保护与城镇化、工业化发展的矛盾，2008 年 1 月国务院下发了《国务院关于促进节约集约用地的通知》，同年颁布了《建设用地节约集约利用评价规程》，提出要加强土地集约、节约利用，从严控制建设用地规模；2010 年国土资源部启动"保经济发展，保耕地红线工程"的"双保工程"，严格控制各类建设对耕地的占用。

现阶段我国山区存量建设用地可挖掘潜力有限。一方面，由于山区耕作半径的制约，农村居民点分布零散，整理难度较大；另一方面，山区省份平地资源总量少、分布散，经济发展总体水平不高，很难承担旧城改造的高成本。而旧城改造造成的地价与房价上涨，使工业化、城镇化成本不断攀升，其影响这些省份的经济发展进程。以昆明市为例，城中村改造的成本是新增建设用地征地成本的 20 余倍；2008 年以来昆明主城因大规模开展"城中村"改造，地价、房价都有较大幅度上升，2016 年昆明主城商品房均价是 2008 年的 2.8 倍。因此，山区省份不得不选择以增量为主，存量挖潜为辅的城镇化、工业化发展用地模式，由此造成山间盆地（俗称坝区）优质耕地保护与城镇化、工业化发展用地需求的矛盾更加突出。如云南省近 5 年来建设占用约 18 万公顷坝区耕地，其中70% 是优质耕地。与之相对照，我国山间盆地（坝区）外围约有 14 亿亩的低丘缓坡土地资源，因其土壤贫瘠、生产性功能较低，未得到充分的开发利用。所以，推进低丘缓坡土地开发利用，是山区省份实现耕地占补平衡、统筹经济发展与耕地保护、破解土地供需两难、深入落实国土资源部"双保"方针的必然选择。

二　低丘缓坡山地开发是人地关系协调发展的保障

相对于平原、坝区而言，低丘缓坡开发建设条件较差，开发代价较大，但只要能做到因地制宜，仍能很好地对其加以开发利用。从世界山地开发的经验看，山地城镇、工业园区以其立体化的生态美景、多样性的景观功能、与自然的有机和谐等优势，能较好地实现开发的生态友好性，山地正成为城镇、工业、第三产业等拓展的重要区域。如德国戈斯拉尔，靠山环水，本着"人文生态法则"开展城市建设，在德国宜居城市中名列前茅。阿根廷中西部小城巴利洛切，充分利用安第斯山脉的自然景观，建设宜居生态城市，每年旅游收入十分可观。我国的重庆市依山而建，进行山地建设的立体开发，经过多年的建设，积累了丰富的山地城市建设的经验。云南元阳哈尼梯田，腾冲和大顺乡、丽江束河古镇、昭通豆沙关古镇等城镇开发建设，以及目前云南省已经形成的建设用地上山十种类型，就是一个个利用荒山、坡地和丘陵，拓展发展空间、建设山地城镇的典型。此外，日本、北欧阿尔卑斯山区以及中国浙江和香港等地区都有着山地开发建设的成功经验。

"拓区上山"战略虽可解决城市化、工业化用地空间的问题，但是若其开发利用不当，也会带来严重后果。因不合理的山地开发模式破坏山地生态系统、引发地质灾害的例子屡见不鲜。如 2005 年雅加达西南部一个村庄遭遇泥石流袭击，造成至少 140 人死亡；2010 年哥伦比亚西北部安迪奥基亚省贝约市发生严重泥石流灾害，至少 50 间民房被掩埋。从 1986 年至今，云南省因山地灾害撤销了碧江县，搬迁了耿马、元阳、镇沅、西盟 4 个县。总体而言，山地较之坝区更容易遭受地质灾害的威胁和危害，地质灾害多发、易发的状况在今后相当长一段时间内不会发生根本性的改变，故其防治工作具有长期性、复杂性和艰巨性。此外，山地生态环境复杂多样，生态敏感性较高。因此，需要不断探索与完善山地建设开发土地利用规划与监管的相关技术，为山地开发过程中人地关系的协调提供理论与技术支持。

目前，国内外在山区土地资源开发利用、人地关系、城市规划与山地城市建设等方面已取得了显著的成果。如城市规划领域的开拓者格迪斯《进化中的城市》的"流域景观分区"，麦克哈格的《设计结合自然》，重庆大学黄光宇的《山地城市学原理》《山地生态特点与山地城镇结构形态》，王琦、邢忠等提出的山地城市"三维集约生态界定"理论等，都蕴含了经济、社会与环境和谐发展的生态理念。近年来，开发利用山地的研究工作，受到科学界的广泛重视，专门成立了相关的组织与研究机构，代表性的有由联合国教科文组织和联合国大学共同赞助成立的国际山地学会、国际山地综合开发中心，国内主要有中国地理学会山地分会，中国科学院·建设部山地城镇与区域研究中心，中国科学院·水利部成都山地灾害与环境研究所，等等，这些组织与研究机构围绕山地资源的可持续利用做了许多有益的研究与探索。

三　云南省低丘缓坡山地开发在我国具有典型性与示范性

2011 年国土资源部下发了《关于低丘缓坡荒滩等未利用土地开发利用试点工作指导意见》，提倡不同地区因地制宜，转变现有的城镇发展方式，支持 9 个低丘缓坡资源丰富省份先期开展低丘缓坡山地开发的试点工作。作为唯一全省试点的云南省，其在低丘缓坡山地开发方面具有普遍性、典型性与示范性。首先，低丘缓坡山地开发符合云南省土地资源特点。云南省 94% 是山区，只有 6% 是坝区，3% 是优质耕地，低丘缓坡土地资源丰富。通过初步调查，全省 8～25 度土地面积约有 1813 万公顷，约占全省土地面积的 47%，适宜开发建设的低丘缓坡土地面积约有 115.7 万公顷，宜建山地空间巨大。其次，云南省低丘缓坡山地开发利用具有问题多元、类型多样的特点。一方面，云南省地质环境复杂，生态环境多样，自然景观、人文景观垂直分异明显，地域社会经济发展差异显著。其低丘缓坡山地开发可以较为全面地反映我国低丘缓坡土地开发利用中可能遇到的诸多问题。另一方面，云南省在低丘缓坡山地开发建设中探索了十种低丘缓坡山地开发类型，即以大理为代表的向山地布局中心城市，以昆明新机场、丽江火车站为代表的基础设施建设，以宜良、普洱工业园区为代表的工业用地建设，以腾冲、版纳为代表的文化旅游产业用地建设，以磨憨、瑞丽为代表的口岸建设，以楚雄和弥勒为代表的教育用地上山上坡，以绿春县为代表的山地县城建设，以马龙县与五华区为代表的现代农业产业园区用地建设，以风能、太阳能和大型水利建设为代表的能源项目用地建设，以富源、昆钢玉溪大红山矿区为代表的矿村共建，等等。这十种类型基本涵盖了我国低丘缓坡土地开发绝大部分类型，受到国家相关部委的高度重视。在云南先行试点过程中，国土资源部领导和中央八个部委多次组织调研组对云南省低丘缓坡土地综合开发利用工作的前期准备、开发方案、开发过程以及相关的土地利用管理等问题进行调研指导。湖北、山东等九个省先后组织了考察交流队伍到云南，针对低丘缓坡开发中涉及的一系列问题进行了经验交流。再次，云南省作为"两强一堡"的战略支点，要实现经济社会跨越发展，必须加快城镇化、工业化进程。经济发展与保护耕地矛盾的凸显迫切需要转变城镇发展用地模式，充分利用未利用的荒山荒坡，结合山地景观建设进行低丘缓坡山地开发。

面对机遇与挑战，云南省委省政府十分重视全省低丘缓坡山地的开发。2011年云南省出台《云南省人民政府关于加强耕地保护促进城镇化科学发展的意见》，提出全省低丘缓坡山地开发的重要性与总体要求。原云南省省委书记秦光荣在不同会议上多次强调全省低丘缓坡山地开发的重要性与紧迫性，并指出城镇上山成功在于 13 个字：建得起、建得美、建得好、建出特色。要坚持走"城镇上山"和"工业项目上坡"道路，要通过山地开发实现"山水田园一幅画、城镇村落一体化、城镇朝着山坡走、田地留给子孙耕"的发展局面，创造"山水城市、田园城市、山地城市"等城镇建设新模式。

云南省作为国土资源部确定的唯一个全省试点的低丘缓坡山地开发的地区，其土地资源特点、开发模式类型、近期发展战略需求等决定了其低丘缓坡山地开发的典型性、代表性较强，其开发内外部条件较成熟，技术研究普适性、可推广性较强。

第二节　国内外低丘缓坡山地开发技术发展现状

一　国内外技术现状与发展趋势

（一）土地利用调查数据采集与整合

目前国际上普遍利用遥感技术开展资源与环境调查，尤其在土地利用、土地覆盖、植被监测、作物评估等方面有着广泛应用，并在多源异构数据整合与共享技术方面开展了大量工作，取得了较好成果。我国在土地利用调查基础数据采集与整合方面起步较晚但发展迅速，在"十一五"科技支撑课题支持下研制了 GPS/PDA 一体机及其调查软件、土地巡查车装备、面向土地调查与灾害监测的无人机低空遥感平台等较成熟的设备，为信息快速获取和土地信息精准化提供了强有力的技术支持。针对山区复杂地理环境的大比例尺、高质量的土地利用调查与监测，数据快速采集、整合与成图技术是该领域的发展趋势之一。

（二）土地利用规划

国际上，自 20 世纪 70 年代，土地利用规划逐渐从传统的建设性或蓝图规划发展到以控制土地利用变化和可持续发展为目的的公共决策。以现代控制论为基础的规划理论及技术方法成为研究的热点。在未来的研究中，土地利用规划技术将逐渐由定性描述、对比分析等传统方法，转变为普遍使用系统工程、系统动力学模型、多目标决策规划等现代技术方法。当前，3S 技术、网络信息技术、决策支持系统等现代科技手段的逐步使用，使规划编制和实施全过程更加信息化和智能化。

（三）建设用地适宜性评价

建设用地适宜性评价是开发建设规划和实施的重要依据，国内外围绕建设用地适宜性的评价指标选取、评价模型构建、空间模拟技术应用等方面开展了大量工作。我国在深入开展建设用地适宜评价的基础上，于 2009 年发布了行业标准《城乡用地评定标准》，对可能作为城乡发展的用地，根据其自然环境条件，评定用地适用性并进行分类定级。但标准的应用有一定的局限性，针对山地宜建开发的评价还需要进一步研究。

（四）土地利用监管与监测

在土地利用监管方面，国内外主要利用 GIS 和遥感技术，动态采集土地利用现状信息，进行数字成图与空间分析，实现多种土地利用信息的综合处理与集成表达。目前，随着国土资源信息化工作的不断深入、"金土工程"的顺利实施、全国国土资源第二次土地调查成果的验收入库以及"一张图管地"等工作的推进，我国土地利用监管的信息化水平进一步提高。

在地质灾害监测方面，国内外开展了大量工作，其技术方法较为成熟。目前，我们多采用遥感技术和数值气象雷达进行区域性地质灾害监测与预测预报，对重大地质灾害体和隐患点，主要采用现代测绘技术（如 GPS、InSAR、3D 扫描系统等）、光纤传感技术、地质雷达、TDR、红外成像技术、通信技术、气象自动观测等技术方法进行单灾体动态监测，取得了良好效果。该领域的发展主要表现为新技术新方法的综合应用与集成，以及灾害机理研究和技术装备研发。

在生态风险监测方面，国外从 20 世纪 90 年代以来，其生态环境质量监测与评价在方法和技术上都取得了飞速发展，并且针对结果进行生态环境方面的改造、治理，使得生态环境尤其是城市生态环境质量得到彻底改善。随着 3S 技术的蓬勃发展，国内外不少学者在生态环境质量监测的应用研究中取得了显著的成果，使得生态环境监测工作得到前所未有的提高。现有的生态环境监测技术主要包括微观监测技术、宏观监测技术和现场快速监测技术。

二 知识产权及相关技术标准

（一）知识产权状况

山地开发三维土地调查技术方面：在土地调查领域，GPS/PDA 一体机、无人机低空遥感、土地调查巡查车、近景摄影测量等单项技术已经较为成熟，但尚未形成集成产品。

山地开发生态适宜性评价方面：在土地利用评价领域，建设用地适宜性评价在评价指标选择、指标分析方法、指标权重及阈值赋值等方面都有较多的研究，但尚缺少系统性的山地开发生态适宜性评价标准和技术体系。

土地利用规划技术方面：国内外在建设用地挖潜、用地规模控制、土地利用优化配置和产业用地布局等方面开展了大量工作，技术方法相对成熟。目前，国内低丘缓坡山地开发土地利用规划处于试点阶段，尚未形成系统性的针对低丘缓坡山地开发土地规划的技术与方法体系。

山地开发地质灾害和生态监测预警方面：国内外在地质灾害和生态风险评估、监测与预警等方面的技术较为成熟，已有大量的文献资料、专利专著和技术方法，但尚未形成行业技术标准与规范，缺少针对低丘缓坡山地建设开发过程中地质灾害与生态监测预警的成套技术体系。

土地利用监管方面：我国已形成较为完善的常规巡查与遥感监测相结合的土地利用监管技术体系，但尚缺乏成熟的"三规合一"（"三规"指土地利用规划、城市建设规划、林业保护规划）土地利用监管信息平台。

（二）技术标准现状

山地开发土地利用规划方面的主要相关技术标准：土地利用调查部分在国土资源管理部门以及测绘行业已有相关的标准、规范与规定；山地开发生态适宜性评价方面已有住房与城乡建设部 2009 年颁发的行业标准——《城乡用地评定标准》；另有国土资源部《开发区土地集约利用评价数据库标准》《工业项目建设用地控制指标》《建设用地节约集约利用评价规程》《土地利用现状数据确认技术规范》《土地利用规划数据库标准》等。

第二章　云南省低丘缓坡山地开发潜力

第一节　云南省低丘缓坡土地资源现状

一　低丘缓坡土地资源类型

将 2009 年云南省第二次全国土地调查统一时点变更数据库与坡度图叠加提取全省范围内坡度 8~25 度区域面积,全省共有理论低丘缓坡土地资源 2171.9 万公顷。其中剔除零星图斑后低丘缓坡土地资源合计 1813.3 万公顷,占全省土地面积的 47.3%,其中农用地面积 1618.0 万公顷,占全省低丘缓坡土地面积的 89.2%,占全省农用地面积的 49.0%。农用地中,耕地为 280.7 万公顷,占全省低丘缓坡土地面积的 15.5%,占全省耕地面积的 45.0%;园地为 98.6 万公顷,占全省低丘缓坡土地面积的 5.4%,占全省园地面积的 60.0%;林地为 1217.0 万公顷,占全省低丘缓坡土地面积的 67.1%,占全省林地面积的 52.8%;草地和其他农用地

21.8 万公顷。建设用地面积 25.1 万公顷，占全省低丘缓坡土地面积的 1.4%，占全省建设用地面积的 27.0%；其他土地 170.3 万公顷，占全省低丘缓坡土地面积的 9.4%，占全省其他土地面积的 39.2%。

二 低丘缓坡土地资源坡度分布

（一）8~15 度低丘缓坡土地资源现状

8~15 度土地面积为 544.5 万公顷，占低丘缓坡土地资源的 30.0%，占全省土地面积的 14.2%。其中农用地面积 478.9 万公顷，占 8~15 度低丘缓坡土地面积的 87.9%，占全省低丘缓坡土地面积的 26.4%；农用地中耕地 105.2 万公顷，园地 33.5 万公顷，林地 328.5 万公顷，草地和其他农用地 11.6 万公顷，分别占 8~15 度低丘缓坡农用地面积的 22.0%、7.0%、68.6% 和 2.4%。建设用地 11.0 万公顷，占 8~15 度低丘缓坡土地面积的 2.0%，占全省低丘缓坡土地面积的 0.6%；其他土地 54.6 万公顷，占 8~15 度低丘缓坡土地面积的 10.0%，占全省低丘缓坡土地面积的 3.0%。

（二）15~25 度低丘缓坡土地资源现状

15~25 度土地面积为 1268.9 万公顷，占低丘缓坡土地资源 70.0%，占全省土地面积的 33.1%。其中农用地面积 1139.1 万公顷，占 15~25 度低丘缓坡土地面积的 89.8%，占全省低丘缓坡土地面积的62.8%，农用地中耕地175.5万公顷，园地65.1万公顷，林地888.5万公顷，草地和其他农用地10.1万公顷，分别占15～25度低丘缓坡农用地面积的15.4%、5.7%、78.0%和0.9%。建设用地14.1万公顷，占15～25度低丘缓坡土地面积的1.1%，占全省低丘缓坡土地面积的0.8%；其他土地115.6万公顷，占15～25度低丘缓坡土地面积的9.1%，占全省低丘缓坡土地面积的6.4%。

三 低丘缓坡土地资源海拔分布

全省海拔500米以下的低丘缓坡土地面积12.4万公顷，仅占总量的0.7%；500～1000米的低丘缓坡土地面积146.7万公顷，占总量的8.1%；1000～1500米的低丘缓坡土地面积423.3万公顷，占总量的23.3%；1500～2000米的低丘缓坡土地面积621.7万公顷，占总量的34.3%；2000～2500米的低丘缓坡土地面积60.9.2万公顷，占总量的33.6%。全省近70.0%的低丘缓坡土地资源集中在海拔1500～2500米的区域。

四 低丘缓坡土地资源州市分布

全省低丘缓坡土地资源数量较大，在全省16个州市都有分布，除怒江州和迪庆州地处高海拔高山地区，低丘缓坡土地资源数量相对较少外，其他州市低丘缓坡土地资源总量都在

60 万公顷以上，低丘缓坡土地资源总量在 100 万公顷以上州市就有普洱市等 8 个州市，占到全省州市数量的一半。8～15 度低丘缓坡土地面积较大的州市主要有曲靖市、普洱市、文山州、楚雄州和西双版纳州，其面积都在 40 万公顷以上；15～25 度低丘缓坡土地面积较大的州市主要有普洱市、临沧市、文山州、楚雄州、红河州和大理州，其面积都在 100 万公顷以上或接近 100 万公顷。同时海拔在 500 米以下的低丘缓坡土地资源主要分布在红河州和文山州；海拔在 500～1500 米的低丘缓坡土地资源主要分布在普洱市、文山州和西双版纳州；海拔在 1500～2500 米的低丘缓坡土地资源主要分布在曲靖市、普洱市、楚雄州和大理州。

五　低丘缓坡区域农用地分布

全省各州市低丘缓坡土地资源都是以农用地为主，农用地面积占低丘缓坡土地面积的 80% 以上，农用地面积在 100 万公顷以上的州市有曲靖市、普洱市、临沧市、楚雄州、红河州、文山州、西双版纳州和大理州。其中低丘缓坡的耕地资源主要分布在曲靖市、昭通市、普洱市、临沧市、红河州和文山州，其耕地面积都在 20 万公顷以上。林地是全省各州市低丘缓坡的主要土地利用类型，其比例都在 50% 以上，其主要分布在普洱市、楚雄州、文山州和大理州，其面积都在 100 万公顷以上。园地主要分布在普洱市、临沧市和西双版纳州，其面积都在 10 万公顷以上。

六 低丘缓坡区域建设用地分布

全省低丘缓坡区域中现有建设用地的面积比例较低，仅有昆明市、曲靖市和昭通市的低丘缓坡建设用地面积占到辖区内低丘缓坡土地面积的 2% 左右，其他州市都在 1% 左右，迪庆州最低，仅占到 0.3%。从低丘缓坡建设用地的资源总量来看，昆明市、曲靖市、昭通市、普洱市、楚雄州、红河州和文山州的低丘缓坡建设用地面积相对较大，都在 2 万公顷左右。

七 低丘缓坡区域其他土地分布

全省低丘缓坡土地资源中其他土地面积占到 9.4%，其主要分布在昆明市、曲靖市、丽江市、楚雄州、红河州、文山州和大理州，面积都在 10 万公顷以上，但其多分布在远离城镇的低丘缓坡区域，目前建设开发利用的难度较大，成本较高。

第二节　云南省低丘缓坡土地资源的主要特点与存在问题

一 低丘缓坡土地资源类型丰富，具有综合开发利用的优势

云南省土地资源受立体气候、海拔高差以及地形等因素的影响，各类建设用地适宜依地势布局，组团发展，耕地适宜种

植粮、油、蔗、烟、药材、瓜菜等多种粮食作物和经济作物，园地具有水果、茶、橡胶、桑等综合开发的优势，林地具有各种用材林、防护林、经济林、薪炭林、特用林等综合发展的优势。

二　低丘缓坡土地资源总量较大，但利用类型相对单一

云南省为高原山区省份，高海拔土地和坡地占有较大比重，8~25度的土地面积约1813.3万公顷，占土地总面积的47.3%，约是全省大于1平方公里坝子面积的7.4倍；8~15度的土地面积约是全省大于1平方公里坝子面积的2.2倍，丰富的低丘缓坡土地资源十分适宜土地的梯次开发、立体利用。通过补充调查和适宜性分析评价，全省低丘缓坡土地资源中待整理耕地总面积为175万公顷，通过整理可新增耕地面积6.4万公顷；全省待开发的宜耕土地面积为14.9万公顷，通过低丘缓坡宜耕土地开发，可新增耕地11万公顷；全省低丘缓坡区域适宜建设开发的土地总面积为115.7万公顷，但从目前利用情况看，其主要以林地利用为主，综合开发利用水平有待提高。

三　低丘缓坡土地资源空间分布差异明显

全省地形地貌条件复杂，气候类型多样，造成低丘缓坡土地资源的差异性十分明显。从低丘缓坡土地资源总量来看，普洱市最高，为265万公顷；怒江州最低，为19万公顷，两者

相差近 14 倍。从坡度分级看，曲靖市 8～15 度土地面积较大，普洱市 15～25 度土地面积较大。从低丘缓坡土地利用结构看，全省各县区林地比重普遍较大，但贡山与德钦等部分县区其他土地面积所占比例较大，景洪市与勐腊县等园地所占比例较高，镇雄县与华宁县等耕地占有较高比例。

四 云南省低丘缓坡土地利用存在的主要问题

（一）低丘缓坡土地区耕地质量相对较低

全省低丘缓坡土地利用主要以林地利用为主，耕地面积约占 15.5%，坡度在 15～25 度的耕地达到 175.5 万公顷，占低丘缓坡耕地总面积的 62.5%，其中多数为中低产田地，农田缺水情况十分普遍，耕地质量有待提高。

（二）低丘缓坡土地建设开发利用程度不高，造成坝区优质耕地不断减少

全省 10 平方公里以上坝子，目前已被建设占用近 30%，而低丘缓坡建设用地仅占低丘缓坡土地总面积的 1.4%。由于低丘缓坡土地开发利用的成本较高，城镇与工业的发展长期集中在坝区，对低丘缓坡土地开发利用重视不够，这造成坝区用地矛盾十分突出，优质耕地资源不断减少。近 5 年来，云南省建设占用约 18 万公顷坝区耕地，其中 70% 是优质耕地，坝区耕地保护形势十分严峻。

（三）低丘缓坡土地亟待科学规划与系统开发利用

云南省坝区面积有限，低丘缓坡土地规模较大，利用条件较好。目前，低丘缓坡区的农用地配套基础设施较差，农村居民点布局零散，建设利用规模较小，利用程度不高，亟待科学规划、有序推进、系统开发，以提高低丘缓坡土地利用水平，有效协调坝区用地矛盾。

第三节　云南省级层面低丘缓坡土地建设开发利用适宜性评价

适宜性评价是科学进行土地开发利用的基础，为使云南省低丘缓坡土地资源得到因地制宜地的综合开发利用，对低丘缓坡土地建设开发利用适宜性进行深入分析、调查、评价，为低丘缓坡土地综合开发利用试点县、试点项目区及试点规模的确定提供科学依据。

低丘缓坡土地建设开发利用适宜性评价从宏观、中观、微观层面开展，宏观评价立足于省级层面，以划分出试点县及试点规模为主要目的进行适宜性评价；中观层面以县域内低丘缓坡分布地块为评价单元进行适宜性评价，为试点项目及规模的确定提供依据；微观层面将具体到项目区内地块的适宜性进行评价，为项目区内用地布局及控制性详细规划提供依据。三个不同尺度的评价，将为云南省低丘缓坡土地合理科学的建设开

发提供有力支撑。低丘缓坡适宜性评价层次及评价目的如图
2-1所示。

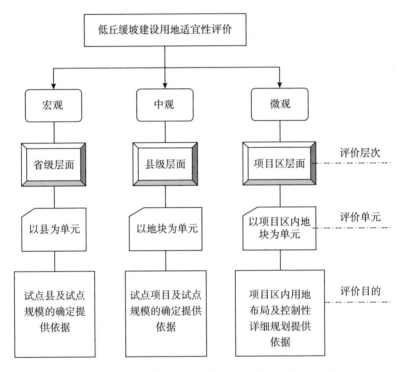

图 2-1 低丘缓坡适宜性评价层次及评价目的

一 省级层面低丘缓坡土地建设开发利用适宜性评价主要指标

（一）省级层面评价的目的和意义

从省级层面开展低丘缓坡建设开发利用适宜性评价，其
主要目的是从宏观层面对云南省低丘缓坡资源开发的适宜性
进行初步界定，通过适宜性评价，初步掌握全省可供建设开

发的低丘缓坡土地资源数量与总体布局情况，主要为低丘缓坡建设开发试点县的确定、试点规模的限定、开发战略和政策研究提供依据。通过省级层面的评价将对全省范围内低丘缓坡资源开发在生态环境、地质环境、社会经济环境方面面临的主要问题进行分析，明确低丘缓坡资源建设开发中的限制性因素及主要应对措施，提高低丘缓坡建设开发利用的生态友好性，为低丘缓坡建设开发利用与生态环境的协调提供宏观理论指导。通过省级层面的评价分析将为全省低丘缓坡重点、优先开发区域的确定，相应政策的制定及开发规模的确定提供理论指导与决策参考。

（二）省级层面评价分析的指标体系

省级层面开展的适宜性评价以县为评价单元，主要针对低丘缓坡开发建设关联较强的生态环境、地质灾害、矿产压覆、水地流失、地震危险性等问题进行评价。而其中地质灾害问题、矿产压覆问题对低丘缓坡建设开发的适宜性影响较为关键，需要对其进行单因素评价。在单因素评价的基础上，还需进一步结合各县（市、区）社会经济发展情况，对低丘缓坡建设开发利用的综合适宜性进行评价。综合适宜性评价将从生态适宜性、经济与资源适宜性、地灾适宜性、矿产压覆适宜性四个方面选择指标进行评价，其中地灾适宜性、矿产压覆适宜性将直接使用单因素评价的结果进行分值计算；生态适宜性将结合单项生态环境现状评价结果，进一步增加与低丘缓坡建设开发关联性较强的指标进行分值计算。云南省低丘缓坡建设开发综合适宜性评价指标体系见表2-1。

表 2-1　云南省低丘缓坡建设开发综合适宜性评价指标体系

目标层	评价指标
生态适宜性	海拔高程
	植被覆盖状况
	土壤侵蚀模数
	水土流失比重
	大于25度土地面积比例
	未利用土地面积比例
经济与资源适宜性	人均 GDP
	二、三产业比重
	交通道路密度
	固定资产投资总额
	低丘缓坡土地资源比重
	非农业人口比重
地灾适宜性	地灾易发度
矿产压覆适宜性	矿产压覆等级

资料来源：云南省低丘缓坡土地综合开发利用专项规划。

(三) 低丘缓坡建设开发利用生态环境现状评价

1. 云南生态环境基本情况

云南生态环境状况复杂多样，全面开展区域生态环境评估，深化对云南高原山地生态环境状况的认识，对推进低丘缓坡土地开发利用战略实施，保证低丘缓坡土地开发的生态安全具有重要现实意义。

云南省地处中国西南边陲，北依亚洲大陆，南临印度洋及太平洋，正好处在东南季风和西南季风控制之下，又受西藏高原区的影响，形成了复杂多样的自然地理环境。作为典型山区省份，整个云南的地势从西北向东南倾斜，大致分三大阶梯递降，依据云南地貌特征，一般以元江谷地和云岭山脉南段谷地为界将其划分为东西两大地形区。东部为云南高原，高原面上的地形起伏表现相对和缓，发育着各种类型的岩溶地貌。西部是以横断山脉为主的纵向岭谷区，其中该区北段为高山峡谷区，南段地貌逐渐趋于和缓，特别是西南及南部边境地区，河谷开阔，地势相对平缓。根据云南省综合自然区划成果，云南可分为 5 大自然带，8 个自然地区，22 个自然区；云南低纬高原的主要生态类型系统分为 5 个一级生态类型，15 个二级生态类型，30 个三级生态类型；各分区与生态类型内均具有其各自不同的地貌、土壤、气候、水文等自然环境特征及不同的植被覆盖与土地利用特点。

2. 生态环境现状评价

以县级行政区划为评价单元，以主导因子、区域差异、统筹兼顾和可操作性为指标选择原则，以云南生态环境面临的主要问题、自然生态环境的主导性和技术上的可行性为指标选择依据，具体选择 6 个指标，用模糊数学的方法对云南生态环境现状进行评价，得出不同县（市、区）的评价等级。生态环境评价指标体系见表 2 - 2。

表 2 - 2 生态环境评价指标体系

目标层	评价指标
生态环境现状评价	海拔高度
	植被覆盖状况
	土壤侵蚀模数
	水土流失比重
	大于 25 度土地面积比例
	未利用土地面积比例

资料来源：云南省低丘缓坡土地综合开发利用专项规划。

3. 主要结论及应对措施

按以上方法评价，按最大隶属度原则，得出的结果即云南省各县（市、区）生态环境现状的优、良、中、差、劣评分等级，如下所示。

优为 26 个县（市、区）：禄劝、姚安、牟定、双柏、红塔区、云龙、漾濞、永平、祥云、腾冲、石屏、思茅、镇源、景谷、绿春、河口、澜沧、西盟、江城、景洪、勐腊、贡山、福贡、香格里拉、古城及宁蒗。

良为 35 个县（市、区）：呈贡、晋宁、安宁、石林、武定、通海、易门、峨山、麒麟区、沾益、剑川、宾川、永胜、华坪、广南、龙陵、昌宁、双江、普洱、景东、新平、元江、芒市、瑞丽、陇川、盈江、梁河、耿马、沧源、勐海、水富、绥江、泸水、维西及马龙。

中为 34 个县（市、区）：嵩明、寻甸、宜良、禄丰、华宁、陆良、师宗、富源、泸西、大理、巍山、南涧、隆阳区、文山、丘北、西畴、富宁、麻栗坡、开远、弥勒、蒙自、屏边、施甸、凤庆、临沧、云县、墨江、红河、镇康、孟连、永善、巧家、兰坪、德钦。

差为 23 个县（市、区）：富民、楚雄、南华、永仁、大姚、江川、澄江、罗平、鹤庆、洱源、弥渡、砚山、马关、个旧、建水、永德、元阳、金平、宣威、会泽、盐津、大关、彝良。

劣为 6 个县（市、区）：元谋、东川、昭通、威信、镇雄、鲁甸。

总体来看，全省生态环境现状以良和中为主。评价为优的有 26 个县（市、区），差和劣的共 29 个县（市、区），生态环境整体态势较好，但各个区域仍面临不同程度的生态问题。生态环境为优的区域在进行低丘缓坡开发时生态将是其核心优势之一，低丘缓坡开发的社会经济目标的实现应充分利用环境优势，扩大综合开发效应；生态环境现状处于中等的县（市、区）应重点关注低丘缓坡建设开发过程中的生态限制性因素，力促建设开发与这些限制性、关键性生态因素良性互动的形成，促进区域生态环境的改善；而生态环境差和处于劣的区域，其低丘缓坡的建设开发面临更大的生态限制，开发的经济成本、生态成本都将会明显地高于其他地区。对于此类地区的建设开发应做好相关规划，确保开发过程中不破坏或少破坏区域生态环境；同时，要建立健全相关的监测、监管体系，对开发进行动态监管，以减少其对生态环境的负面影响，实现建设开发、生态建设与社会经济发展的协调。

（四）云南低丘缓坡建设开发利用地质灾害评估

地质灾害是影响低丘缓坡土地建设适宜性的重要因素之一，山地普遍存在着岩土地质复杂、地形破碎、河流冲刷作用强烈等特点，较容易出现滑坡、崩塌、泥石流等地质灾害，这成为低丘缓坡土地建设开发中的限制因素。

1. 云南省地质灾害概况

云南地处欧亚板块、印度洋板块与太平洋板块的俯冲交接地带，地质、地貌利于地质灾害的发育，加上气候同时受太平洋季风与印度洋季风交互影响，是中国地质灾害极易发生省份之一。云南省主要的地质灾害类型是泥石流、滑坡及崩塌。地质灾害对土地综合开发利用构成极大的威胁，是制约云南地方经济发展的主要因素之一。近20年来，滑坡、泥石流等地质灾害平均每年造成200余人伤亡、2亿元以上的财产损失，近十年来，云南地质灾害发生率呈上升趋势，仅2010年，国土资源部在云南就启动了三次地质灾害应急一级响应。据统计，2001、2002及2004年云南地质灾害造成的死亡人数和直接经济损失均为当年中国最高。

2. 地质灾害易发性评价

采用直接法与间接法相结合的方法评价云南省地质灾害活动强度。直接法是根据已调查的地质灾害点资料进行评价，间接法则是根据地质灾害形成条件选定特征评价指标，在 GIS 支持下进行评价。直接评价法通常是在图上圈定一个灾害点，一般标定泥石流的沟口或者滑坡的剪出口，但实际地质灾害区如泥石流或大型滑坡体通常为几平方公里或者几十平方公里的大区域。因此直接法所表示的点难以表达实际地质灾害的实情，需直接法与间接法相结合，才能科学地进行地质灾害活动强度的评价。对云南省地质灾害活动评价如下。

（1）直接法

采用发育强度指标进行评价，发育强度根据地质灾害调查结果及其活动强度的分值密度进行测算。采用全省已有调查大型地质灾害点 6000 余处资料，将地质灾害分为崩塌、滑坡、泥石流，规模上分为大型、中型、小型。据此，采用两个指标衡量各个县地质灾害发育水平，一个是地质灾害分值，另一个是地质灾害发育强度。分别采用公式 2.1、公式 2.2 表示：

$$Score = \sum_{i=1}^{3} n_i \qquad (2.1)$$

$$\rho = \frac{\sum Score}{Area} \qquad (2.2)$$

式中，$Score$ 为地质灾害分值，n_i 为第 i 种灾害在某空间位置的数量；ρ 为地质灾害发育强度，$Score$ 为地质灾害分值，$Area$ 为该县区面积。

地质灾害分值计算赋值权重为泥石流 3 分、滑坡 2 分、崩塌 1 分、大型 3 分、中型 2 分、小型 1 分，由此得到各县直接法的地质灾害强度综合分值。

（2）间接法

间接法是根据云南地质灾害的发生，综合考虑形成地质灾害的能量、物源条件、地质灾害活跃程度、岩土体组合等因素。根据灾发环境条件，考虑选取岩土体、地震、高差、坡度、构造、地质灾害活跃程度等因素作为灾发强度评价指标。各个指标采取国家相关标准分段法进行标准化划分，权重根据层次分析进行赋值，地质灾害易发度分区指标及极重见表2-3。根据各个因子权重采用加权法得到云南地质灾害分布图，共分为四级：地质灾害极高易发、高度易发、中度易发和低度易发。

表2-3 地质灾害易发度分区指标及权重

名　称	一级指标及权重	具体衡量指标	缩略示意图
地质灾害易发度评价指标	岩土体（0.2）	岩土体类型	
	地震（0.27）	地震烈度	

续表

名　称	一级指标及权重	具体衡量指标	缩略示意图
地质灾害易发度评价指标	地形（0.33）	高差	
	地质灾害活跃程度（0.2）	地质灾害分布点	

资料来源：云南省低丘缓坡土地综合开发利用专项规划。

　　根据分区，云南省主要灾害易发区位于金沙江、怒江、澜沧江的河谷地区，经过与已经发生的灾害点统计结果叠合表明，96.8%的地质灾害点位于极高度与高度易发区内，这说明分区方法、模型是正确的，结果可以很好反映全省灾害情况。极高度易发区面积占全省总面积的8%，高易发区占全省总面积的28%，中度发区占总面积的43%，低易发区占21%。这表明全省36%的高易发区内发育的地质灾害数量占全部灾害总数的96.8%，这说明分区方法是合理的。云南省灾害易发度分区如图2-2所示。

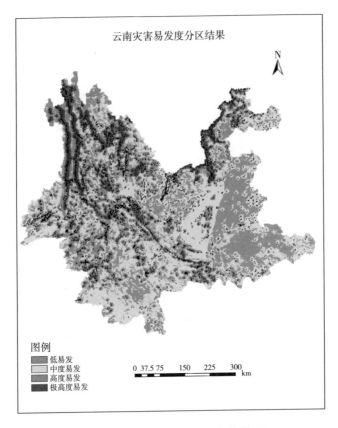

图 2-2　云南省灾害易发度分区

资料来源：云南省低丘缓坡土地综合开发利用专项规划。

通过全省县界与分区结果的叠加，得到各县易于地质发育的面积比例，极高易发、高度易发、中度易发、低度易发区的权重分值分别是 4、3、2、1。由此得到间接法的各县地质灾害强度分值。

3. 主要结论及应对措施

将直接法得到的分值与间接法得到的分值相加，得到各县地质灾害活动强度综合分值，根据发育强度分值将全省地质灾害区划分为四级，分别为极高强度活跃区、高强度活跃区、中强度活跃区、低活跃区。

云南地质灾害严重，要充分吸取已建或扩建在地质灾害易发地带的已有经验教训，不盲目上山。历史上，云南在地质灾害的防治上有过许多惨痛的经验和教训，因地质灾害撤销了一个县（碧江县），搬迁了 4 个县（耿马、元阳、镇沅、西盟）。尽管国内外有一些建设发展山地城镇的成功典型，如重庆、香港等地，但其地区地质结构稳定，新构造运动不活跃。相反云南大多数地壳抬升强烈，地震活动频繁，因此城镇上山要进行反复充分的论证，建议在条件较好地区实施试点，如红河、文山等山地较少地区。此外，山坡的气象灾害也较平原重，如雷电灾害，也应当考虑。

针对云南省地质灾害现状和发生特点，在进行低丘缓坡开发建设过程中应制定各灾点的防灾预案，加强对各灾点的汛期巡查和监测预警，保证防灾预案和监测任务落到实处。当连续降雨量较多，灾害体出现加剧发展的迹象时，应及时启动应急预案措施组织群众避险并向主管部门报告险情；加强地质灾害的防灾减灾知识的宣传普及，提高民众的防灾意识，做好群策群防工作；设立地质灾害警示标志，禁止在地质灾害危险区进行工程经济活动及在危险时段进入地质灾害危险区从事生产活动；严格禁止在各灾点危险区附近地带建房，限制在过高、过陡（高差 >5m，近直立）切坡建房及在临空面较陡的斜坡上方附近建房；在综合地灾预防措施的基础上，应进一步根据地质灾害活动不同强度区制定针对性的防治和减缓措施,提高地灾防治成效。

(五)云南低丘缓坡土地建设开发利用矿产资源压覆评估

1. 云南省矿产资源概况

云南全省共发现各类矿产142种,占全国已发现矿产171种的83.04%,探明资源储量列入《云南省矿产资源储量简表》的矿产有86种,其中能源矿产2种、金属矿产39种、非金属矿产45种。合并后的矿产地(矿区)1214处。

云南矿业经过多年发展建设,已初步建成了我国重要的有色金属生产基地和磷化工基地,形成了包括能源(煤炭)、钢铁、有色、磷化工、煤化工和建材等在内的一套完整工业体系。尤其以磷化工和有色金属为重点的矿业经济,成为云南省工业体系中最有活力的产业。

矿业已成为云南省工业体系中最庞大的产业,其固定资产投资、资本金总额、从业人数、出口创汇及工业总产值均居全省各大工业之首,在该省经济社会发展中起着举足轻重的作用。

云南的成矿地质条件好,西部处于"三江"成矿省核心区,东部处于上扬子成矿省西部,成矿潜力巨大。成矿带分布如图2-3所示。

三江成矿省地处阿尔卑斯-喜马拉雅-陆碰撞造山带由近

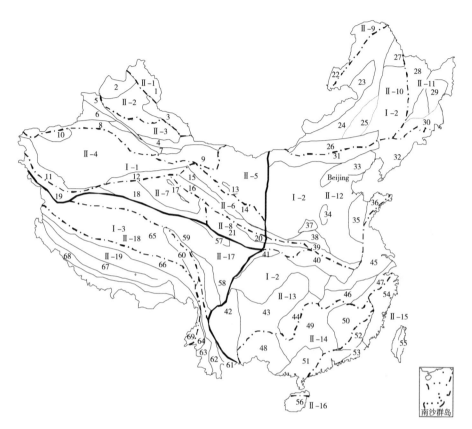

图 2 - 3 成矿带分布

资料来源：云南省低丘缓坡土地综合开发利用专项规划。

东西向急转为南北向的转折部位，其是欧亚板块与印度板块之间地壳经过多旋回开 - 合构造演化形成的复杂拼合带，地质构造十分复杂，不同组成部分经历了不同的构造演化过程。三江地区的火山岩和侵入岩都很发育，岩石类型复杂多样，从超基性、基性，到中酸性、碱性岩均有出露，岩浆活动贯穿各个地质时期，岩浆岩的时空分布受构造环境及其演化历史控制，岩浆活动本身又控制了许多金属矿床的形成和分布。三江地区形成了各具特色的矿床成矿系列类型，如铁铜铅锌银金、铅锌银、铬铁矿、铜钼多金属、锡钨多金属、煤－砂岩铜矿－盐类成矿系列类型等，已发现黑色、有色和贵金属及非金属矿产30多种，其中铜、铅锌、银、金、锡为优势矿种。其有中国目前最大的铅锌矿（兰坪金顶）和锗铀矿（临沧），有腾冲－梁河锡－稀有金属矿集区、哀牢山金矿集区以及羊拉铜多金属矿集区。

上扬子成矿省处在滨太平洋成矿域（东）、特提斯成矿域（西）的夹持之中，区域成矿作用受它们的影响甚烈，北侧又被秦祁昆成矿域顶位，其阻隔了秦祁昆成矿域成矿作用对该成矿省的影响。成矿省自身又具有前寒武纪基底，其在加里东褶皱基底和晚古生代地台盖层的三层结构的状态下，通过岩浆作用、构造变动、沉积和变质作用，在不同的构造层和不同时期的岩浆作用过程中形成了不同的矿床类型和矿床成矿系列。区内矿产丰富，类型齐全，勘查工作程度总体上东高西低，规模达大型以上的著名矿床有大红山铜铁矿、东川铜矿、鲁甸乐马厂银矿、个旧锡矿、白牛厂银矿、大厂式锡多金属矿等，属全国主要的矿产富集区之一。

云南有62种固体矿产，矿产保有资源储量排在全国前十位，其中能源矿产1种，金属矿产29种，非金属矿产32种。云南省优势矿产有锡、铜、铅、锌、镍、锰、金、银、锑、钼、铝土矿、钛铁矿、煤（焦煤）、钨矿、原生钛（磁）铁矿、富铁矿石、铂族金属、硅灰石、硅藻土、芒硝矿石、磷、钾盐、盐矿、硫铁矿、伴生硫、稀土矿、铌、钽、萤石等。云南的能源矿产以煤炭为主，有较少量油页岩，基本没有油气。

煤炭资源具有区位优势，是开发利用的主要矿产之一，具有成煤期多、煤类齐全、煤质好、分布不均衡的特点。其主要分布于曲靖、昭通和红河，占全省煤炭资源储量的89%。其他州市也有少量分布，而临沧、西双版纳、德宏、迪庆、怒江分布极少，不足全省煤炭资源储量的0.33%。云南的煤炭开发程度较高，主要集中在宣威、富源、麒麟、宜良、寻甸、华坪、开远、泸西、禄丰、镇雄、威信。

黑色金属矿产。云南省已查明的黑色金属矿产有铁、锰、铬、钛、钒5种，具有矿床类型比较简单、矿产地分布集中的特点。铁矿主要分布于澜沧县、安宁市、峨山县、新平县、禄丰县、武定县、石屏县、腾冲县、景洪市、宜良县、维西县。锰矿主要分布于砚山县、建水县、石屏县、鹤庆县、勐海县。

有色金属矿产。云南省有色金属矿产资源丰富，铜矿石主要分布于昆明市、玉溪市、红河州、楚雄州、普洱市、迪庆州、大理州，规模较大的矿山集中分布在东川、易门、新平、个旧、大姚、牟定、禄丰、思茅、香格里拉和德钦。铅锌矿主要分布于曲靖、楚雄、红河、怒江、昭通、文山、保山和普洱；大型矿区主要有兰坪金顶铅锌矿区、会泽铅锌矿区、个旧锡多金属矿区、蒙自白牛厂银矿铅锌多金属矿区、马关都龙锡铅锌多金属矿区、龙陵勐兴铅锌矿、澜沧老厂铅锌矿区、彝良毛坪铅锌矿区等。锡矿主要分布于个旧、马关、腾冲、梁河等地。铝土矿主要分布于丘北、麻栗坡、西畴、砚山和文山。

化工原料非金属矿产已查明资源储量的矿种有磷、砷、盐矿、碰硝、电石灰岩、化肥用蛇纹岩、重晶石、钾盐、硫铁矿9种。盐矿主要分布于昆明、普洱、西双版纳，磷矿集中分布于昆明、玉溪、曲靖。

按照《云南省矿产资源总体规划（2008－2015年)》，与矿产压覆有关的矿产资源规划主要包括以下几个方面。

其一，矿产资源调查评价。全省规划重点调查评价区24个，面积8.93万平方公里。其中，国家级重点调查评价区13个，面积5.78万平方公里；省级重点调查评价区11个，面积3.15万平方公里。全省规划重点调查评价项目24个，基本与重点调查评价区一致，未另做安排。

其二，矿产资源勘查。全省矿产资源勘查分为重点、鼓励、限制、禁止4类规划区。规划重点勘查区74个，面积92121平方公里，其中国家级重点勘查区10个，面积74347平方公里；省级重点勘查区64个，面积17774平方公里。全省规划鼓励勘查区33个，面积106393.94平方公里，其中能源矿产勘查区5个，非能源矿产勘查区28个。规划限制勘查区33个，面积36502.14平方公里。

其三，矿产资源开发。矿产资源开采分为重点、鼓励、限制、禁止、储备5类规划区。全省规划重点开采区52个，面积71414.82平方公里，其中国家规划重点开采区18个，面积 26600.486 平方公里；省级规划重点开采区 34 个，面积 44814.33 平方公里。全省规划鼓励开采区 12 个，面积 10882 平方公里。全省规划限制开采区 22 个，总面积 18189 平方公里，占全省面积的 4.6%。

规划将文山老君山钨矿、勐海勐往独居石矿、勐海勐阿独居石矿、勐海独居石矿、勐海勐康磷钇矿、保山板桥钛铁矿、德钦里仁卡铅锌矿等列为矿产资源储备区。对兰坪金顶铅锌矿、澜沧惠民铁矿等超大型矿床，可圈定部分地段或深度范围作为战略储备区。凡在会泽铅锌矿、临沧煤铀锗矿、个旧锡多金属矿、马关都龙锡锌矿、蒙自白牛厂银多金属矿等矿区进行开发的企业，都要对锗、铟产品实行年产量的 5% ~ 10% 储备，确保国家备用 3 ~ 5 年的总量积累。

2. 矿产压覆评估调查

针对全省低丘缓坡地区，本书收集了前人成果资料及建设项目有关文件、图件等资料，特别是各县（市、区）的矿产压覆评估报告，查阅了云南省国土资源厅近期发布的储量表、1：20 万与 1：5 万区域矿产地质报告、云南省矿产地质志以及地勘单位开展矿产勘查工作的报告与资料；同时参考《云南省矿产资源总体规划（2008 - 2015 年)》，并向国土资源厅、县（市、区）国土资源局查询了低丘缓坡地区的探矿权、采矿权设置情况。评价方法如下。

（1）压覆区域确定方法

本书利用 GIS 叠图技术，把云南省低丘缓坡区域与云南成矿区带、调查重点区域、勘查重点区域、开采重点区域的分布进行叠加，确定建设区域的矿产资源压覆范围。

（2）压覆储量计算方法

依据矿体的形态产状、矿床勘查技术手段、矿种及矿床类型，选择储量的计算方法，如平行剖面法、水平断面法、垂直纵投影地质块段法、水平投影地质块段法、底板等高线水平投影地质块段法（煤矿）进行储量计算，并对储量计算中需要的参数用不同的方法进行计算，即用电脑制图软件直接测定压覆面积，并进行几何法校正。对松散矿石测大体重，大、小体重均测定湿度，对湿度超过3%的样品进行校正（干体重）。矿体的厚度（真厚度、视厚度、铅垂厚度、水平厚度）一般视矿体产状而定。平均品位的计算用算术平均法或加权平均法，权可以是厚度、面积、矿石量等。

在资源储量估算中，对共生矿产要按单矿种进行综合评价。铅锌矿体的共生情况处理例外，以某元素为主圈定矿体后，另一元素采取有多少算多少的方式进行估算。

资源/储量要分矿体、块段、矿石类型、资源/储量类别、品级估算。按三维立体分类，现行规范以"111（b）""122（b）""2M22""2S22""331"等表示储量、基础储量、边际经济基础储量、次边际经济基础储量、资源量等。

对经营性项目即以营利为目的的项目，采用"费用效益分析"法。评价标准（以下两个标准满足一个即可）：其一，当内部收益率为8%（或者其他适当的内部收益率指标），经济净现值（ENPV）≥0，项目可行；其二，经济内部收益率（EIRR）>8%时，项目可行。

经济净现值（ENPV）：项目按照社会折现率将计算期内各年的经济净效益折现到建设期初和现值之和。计算公式：

$$ENPV = \sum_{t=i}^{n} (B - C)_t \, (1 + i_s) \, -t \tag{2.3}$$

B——经济效益流量，C——经济费用流量，$(B - C)_t$——第 t 期的经济净效益流量，i_s——社会折现率（取 8%，如果远期效益大，效益实现的风险较小，社会折现率可以适当降低，但不应低于6%），n——项目计算期。

经济内部收益率（EIRR）：项目在计算期经济净效益的现值累计等于 0 时的折现率。计算公式：

$$\sum_{t=i}^{n} (B - C)_t \, (1 + EIRR) - t = 0 \tag{2.4}$$

在国民经济现金流量表的基础上调整：其一，在现金流出项下增加拟压覆矿产资源的机会成本；其二，计算净现金流和内部收益率即可。

在财务评价现金流量表基础上调整（简易算法）：其一，将财务费用从总成本费用中剔除；其二，将财务评价现金流量表中的税费剔除；其三，在现金流出项下增加拟压覆矿产资源的机会成本；其四，计算净现金流和内部收益率即可。

非经营性项目即不以营利为目的的项目，如不收费公路、中小学校、水库等，一般采用"费用效果分析"法。《建设项目压覆矿产资源国民经济评价要点》没有就非营利性项目的国民经济评价方法做出规定。非经营性项目的主要特点：效果难货币化，或者货币化的效果不是项目目标的主体。

费用是指为实现项目预定目标所付出的财务代价或者经济代价，采用货币计量，其与费用效益分析法中的费用计算方法相同。效果是指项目的结果起到的作用、效应或者效能，是项目目标的实现程度。效果指标可以是单一的，也可以是多项的。费用效果分析应遵循多方案比选的原则。

评价（判别）指标采用效果费用比为评价（判别）指标。计算公式：

$$R_{E/C} = \frac{E}{C} \tag{2.5}$$

$R_{E/C}$——效果费用比，E——项目效果，C——拟压覆矿产资源机会成本。当 E/（C + 项目费用）满足行业要求，并且 $R_{E/C}$ 最大的为优选方案。

3. 评估结果及对策措施

由于各县（市、区）已经在微观上进行了矿产资源压覆评估，本书侧重于宏观层面的总体矿产资源压覆评估。在各县（市、区）矿产资源压覆报告的基础上，根据云南既有探矿权和采矿权的设置情况，以及国家和云南省的矿产资源调查、勘查、开采规划，结合其中重点、鼓励、限制区域的设置情况，通过 GIS 叠图技术，把建设区（低丘缓坡区域）与上述矿产资源（潜在）区域进行叠合，确定矿产资源的压覆范围。同时选择适当的矿产资源储量计算方法，计算得出矿产资源压覆储量。

以此为基础，按照矿产资源矿种的重要程度、调查和勘查区域的重要程度、开采区域的重要程度，并考虑云南省矿业经济区的设置情况以及云南省"十二五"经济区划，将云南矿产资源压覆情况以县为单位分为 4 个级别：很严重（1）、严重（2）、部分严重（3）、不严重（4）。云南省矿产资源压覆按县划分严重程度见表 2 - 4。

表 2 - 4　云南省矿产资源压覆按县划分严重程度

县　名	严重程度	县　名	严重程度
五华区	4	云　　县	2
盘龙区	4	永　德　县	2
官渡区	4	镇　康　县	1
西山区	4	双　江　县	4
东川区	1	耿　马　县	2
呈贡区	4	沧　源　县	1
晋宁县	1	楚　雄　市	1
富民县	4	双　柏　县	4
宜良县	1	牟　定　县	2
石林县	4	南　华　县	4
嵩明县	4	姚　安　县	4
禄劝县	1	大　姚　县	3

县　名	严重程度	县　名	严重程度
寻甸县	4	永　仁　县	2
安宁市	1	元　谋　县	4
麒麟区	2	武　定　县	1
马龙县	1	禄　丰　县	4
陆良县	4	个　旧　市	2
师宗县	4	开　远　市	1
罗平县	1	蒙　自　市	1
富源县	1	屏　边　县	3
会泽县	1	建　水　县	1
沾益县	3	石　屏　县	4
宣威市	1	弥　勒　县	1
红塔区	4	泸　西　县	2
江川县	4	元　阳　县	1
澄江县	4	红　河　县	2
通海县	4	金　平　县	1
华宁县	4	绿　春　县	2
易门县	4	河　口　县	2
峨山县	4	文　山　市	2
新平县	1	砚　山　县	1
元江县	2	西　畴　县	4
隆阳区	1	麻栗坡县	3
施甸县	2	马　关　县	1
腾冲县	1	丘　北　县	2
龙陵县	1	广　南　县	1
昌宁县	4	富　宁　县	1
昭通市	4	景　洪　市	2

续表

县 名	严重程度	县 名	严重程度
鲁甸县	1	勐海县	4
巧家县	1	勐腊县	2
盐津县	1	大理市	4
大关县	4	漾濞县	4
永善县	1	祥云县	1
绥江县	4	宾川县	1
镇雄县	1	弥渡县	4
彝良县	1	南涧县	4
威信县	1	巍山县	1
水富县	4	永平县	2
古城区	4	云龙县	4
玉龙县	2	洱源县	4
永胜县	4	剑川县	4
华坪县	2	鹤庆县	1
宁蒗县	1	瑞丽市	3
思茅区	1	芒市	3
宁洱县	1	梁河县	2
墨江县	2	盈江县	2
景东县	2	陇川县	4
景谷县	1	泸水县	3
镇沅县	1	福贡县	3
江城县	2	贡山县	3
孟连县	2	兰坪县	1
澜沧县	1	香格里拉县	1
西盟县	2	德钦县	1
临翔区	3	维西县	1
凤庆县	3		

资料来源：云南省低丘缓坡土地综合开发利用专项规划。

云南省低丘缓坡地区虽然有部分矿产资源压覆情况，但并非全部地区均有矿产资源压覆，只要在进行城镇和工业建设时仔细核对、认真勘察、仔细设计建设方案，就可以避开重要的矿产资源（潜在）分布区域，或者与矿业权人签订同意压覆的协议书，就可以按照建设涉及方案进行建设。综上所述，建议矿产资源行政管理部门批准项目按总体规划设计方案进行建设，但是应在进行具体项目建设时特别仔细地进行具体的详细论证，以尽量避开重要矿产资源分布区域。

矿产资源压覆很严重区域，一般不宜进行城镇和工业建设。若要进行城镇和工业化建设项目，应特别注意加强矿产资源压覆的评估，尤其要注意与国家和省级重点调查和勘探区域的重叠情况，特别要重视地质勘查报告的矿产资源报告情况。

矿产资源压覆很重区域，不鼓励进行城镇和工业建设。在进行城镇和工业化建设项目时应注意加强矿产资源压覆的评估，注意国家和省级矿产资源重点区域的压覆情况。

矿产资源压覆部分严重区域，属于基本适宜建设区域。在进行城镇化和工业化建设时，注意有选择地挑选适当的地块，开展项目的矿产资源压覆评估，根据评估结果确定项目建设的适宜程度。

矿产资源压覆不严重区域，适宜开展城镇化和工业化建设。但是并非所有区域均适合城镇化和工业化建设，因此在进行具体项目建设时也应该进行具体项目的矿产压覆评估，注意与既有压覆矿业权所有者的协调与沟通。

（六）云南低丘缓坡土地建设开发利用水土流失评估分析

1. 云南省水土流失概况

云南属山区，坡度大于 8 度的土地面积比例达 90.4%。新构造运动强烈，地质灾害发生频繁，广泛分布的页岩、板岩、片岩、片麻岩、花岗岩等风化层深厚、抗冲刷力侵蚀弱，在地表植被遭受破坏的情况下，表土层极易流失。此外，云南年降雨量的 85% 集中在 5～10 月，高强度降雨形成的地表径流为水土流失提供了动力，加上陡坡垦殖和天然林过度砍伐等活动在相当长的一段历史时期内曾处于失控状态，这直接导致了全省各地均存在不同程度的水土流失问题。

据 2004 年云南省第三次水土流失遥感调查，全省水土流失面积已达 13.1 万平方公里，占全省土地总面积的 34.2%，年土壤侵蚀总量 5.14 亿吨，平均侵蚀模数每年每平方公里 1304 吨·平方公里，年均侵蚀深 0.97 毫米。

2. 水土流失评估调查

本书收集了已有研究成果资料与文献，及《云南省人民政府关于划分水土流失重点防治区的公告》《云南省生态功能区划》。

本书采集侵蚀模数、侵蚀面积和侵蚀量等数据，对云南省低丘缓坡土地综合开发区域水土流失进行评估分析，根据各地水土保持试验、水土保持研究站所的实测径流、泥沙资料，经统计分析和计算后将其作为该区土壤侵蚀的基础数据。水土流失评价可以根据土壤侵蚀强度分级评价，土壤侵蚀强度以土壤侵蚀模数（$t/km^2 \cdot a$）表征。

3. 水土流失评估调查结果及应对措施

根据水利部门对水土流失强度划分等级的界定，可将水土流失的强度分为轻度流失、中度流失、强度流失、极强度流失、剧烈流失 5 个等级。据 1999 年遥感调查，云南省的水土流失强度主要表现为轻度侵蚀和中度侵蚀，二者合计占全省总水土流失面积的 93.85%。

轻度流失主要分布于坡度在 5～8 度的坡耕地或是植被覆盖度在 60%～75% 而坡度在 15～25 度的地区；或植被覆盖度在 45%～60%，而坡度为 5～15 度；或植被覆盖度在 30%～45%，而坡度为 5～8 度的坡地区域。

中度流失则普遍存在于坡度在 8～15 度的坡耕地和坡度在 8～15 度、植被覆盖度 <30% 的地区；或坡度在 15～25 度、植被覆盖度在 45%～60% 坡度大于 25 度、植被覆盖度为 60%～75% 的地区。

强度流失区主要分布于人类活动比较强烈的地区和植被覆盖度在 45%～60%、坡度大于 35 度的地区；或是植被覆盖度在 30%～45%、坡度在 25～35 度的地区。强度流失区主要分布在昭通市、楚雄州和大理市。

极强度多发生于植被覆盖度在30% ~ 45%、坡度大于35度，或是植被覆盖度 < 30%、坡度在25 ~ 35度以及泥石流活动较强烈的地区，其集中在昆明市的东川区和昭通市。

剧烈流失地区有昆明市东川区、曲靖市会泽县、保山市龙陵县、昭通市巧家县和镇雄县以及德宏州大盈江的浑水沟流域，其分布于坡度大于35度、植被覆盖 < 30%的地区，以及破碎程度较高的裸地或裸岩地，泥石流、滑坡密集且活动强烈的地区。

根据《云南省人民政府关于划分水土流失重点防治区的公告》，云南省人民政府划定了水土流失重点预防保护区、重点监督区、重点治理区。三个等级的水土保持分区分别可以对应云南省低丘缓坡土地综合开发的"适度开发区，限制开发区及禁止开发区"。云南省水土流失重点防治区名单见表2–5。

（1）重点预防保护区。其主要分布在红河流域、澜沧江流域、怒江流域和伊洛瓦底江流域等西南诸河流域范围内，涉及红河、文山、思茅、西双版纳、大理、保山、德宏、怒江和迪庆9个州市的30个县市区。其次包括滇池、抚仙湖、洱海、程海、阳宗海、异龙湖、星云湖、杞麓湖、泸沽湖等九大高原湖泊环湖区和松华坝水库水源区、渔洞水库水源区等重点水源保护区。

（2）重点监督区。其广泛分布在全省六大流域和16个州市，共涉及66个县市区。

（3）重点治理区。其分布在金沙江流域、珠江流域、红河流域、澜沧江和怒江流域范围内，除西双版纳州、德宏州和怒江州外，共涉及我省13个州市的99个县市区。

表 2-5 云南省水土流失重点防治区名单

州、市	重点预防保护区 (30 个)	重点监督区 (66 个)	重点治理区 (99 个)
昆明市		盘龙区 五华区 官渡区 西山区 安宁市 东川区 呈贡区 富民县 晋宁县 嵩明县 禄劝县 寻甸县 宜良县 石林县	盘龙区 五华区 官渡区 西山区 安宁市 东川区 呈贡区 富民县 晋宁县 嵩明县 禄劝县 寻甸县 宜良县 石林县
昭通市		昭阳区 盐津县 永善县 绥江县 水富县 镇雄县	昭阳区 鲁甸县 巧家县 盐津县 大关县 永善县 绥江县 水富县 镇雄县 彝良县 威信县
曲靖市		麒麟区 宣威市 会泽县 富源县 罗平县 师宗县	麒麟区 宣威市 马龙县 会泽县 富源县 罗平县 师宗县 陆良县 沾益县
楚雄州		楚雄市 武定县	楚雄市 牟定县 姚安县 大姚县 永仁县 元谋县 武定县 双柏县 南华县 禄丰县
玉溪市		红塔区 澄江县 华宁县 易门县 峨山县	红塔区 江川县 澄江县 通海县 华宁县 易门县 峨山县 新平县 元江县
红河州	河口县	开远市 弥勒县 泸西县 蒙自市 金平县	开远市 建水县 弥勒县 泸西县 石屏县 个旧市 红河县 蒙自市 屏边县 元阳县 金平县 绿春县
文山州	马关县 富宁县	文山市 丘北县 砚山县 广南县	丘北县 砚山县 文山市 西畴县 麻栗坡县 广南县

续表

州、市	重点预防保护区 （30 个）	重点监督区 （66 个）	重点治理区 （99 个）
普洱市	思茅区 宁洱县 江城县 景谷县 镇沅县 孟连县 澜沧县 西盟县	思茅区 宁洱县	墨江县 景东县
西双版纳州	景洪市 勐海县 勐腊县	景洪市	
大理州	漾濞县 巍山县 永平县 云龙县 剑川县	大理市 南涧县 洱源县	大理市 南涧县 祥云县 宾川县 鹤庆县 洱源县 弥渡县
保山市	腾冲县	隆阳区 龙陵县 腾冲县	隆阳曲 施甸县 龙陵县 昌宁县
德宏州	芒市 梁河县 盈江县 瑞丽市 陇川县	芒市 盈江县	
丽江市		古城区 玉龙县 华坪县	古城区 玉龙县 永胜县 华坪县 宁蒗县
怒江州	兰坪县 福贡县 贡山县 泸水县	兰坪县 福贡县 贡山县 泸水县	
迪庆州	维西县	香格里拉县 德钦县 维西县	香格里拉县 德钦县
临沧市		临翔区 凤庆县 云县	临翔区 凤庆县 云县 双江县 沧源县 镇康县 永德县 耿马县

资料来源：云南省低丘缓坡土地综合开发利用专项规划。

云南省低丘缓坡土地综合开发区域水土流失预测主要是对侵蚀模数的预测，还可以包括可能造成危害的预测，如土地退化问题、下游河道泥沙增加和淤积问题、对下游防洪的影响、对地下水的影响以及对区域生态环境的影响等。

从水土流失发生的特点看，水土流失主要产生于建设期。项目在建设期必将形成新的开挖面，由于土体结构的扰动破坏了原来的地貌和地表植被，这使土壤的抗蚀能力减弱，会导致不同程度的水土流失。

云南省低丘缓坡土地利用的合理性对水土流失的强度、性质影响显著。合理的林地、草地利用，可以防治水土流失；交通、工矿地对水土流失的影响比较复杂，其除了改变地表水土流失环境外，还能直接改变动力场的空间分布和相对强度。

云南省低丘缓坡土地综合开发区域，应根据不同开发区所属的水土保持分区要求及开发模式的特点，制定严格的水土保持措施，确保开发区域水土流失的危害控制和减少到最低程度。

（七）云南低丘缓坡土地建设开发地震断裂带危险性评估

1. 地震断裂带分布及危险性评估

云南地区处于印度板块与欧亚板块中国大陆碰撞带东缘，地壳运动剧烈，地震活动水平高且与活动块体关系密切。云南地区现代断裂构造格局为喜马拉雅山运动所奠定。云南地区规模较大的活动断裂主要有南北向（或近南北向）、北西向（或北北西向）和北东向三组。南北向活动断裂主要分布于云南中北部的小江断裂以西、程海断裂以东与楚雄—建水断裂以北区域内，北西向活动断裂主要分布于滇西和滇东南地区，北东向活动断裂主要分布于小江断裂以东和澜沧江断裂以西地区。

在这些活动断裂带的基础上，结合历史上发生的强震数量及其空间分布特点，可以划分出云南主要的几个地震带：小江地震带、中甸—大理地震带、通海—石屏地震带、腾冲—龙陵地震带、耿马—澜沧地震带、思茅—普洱地震带、马边—大关地震带。这几大地震带在历史上都曾发生过 M ≧ 6 级以上地震。

从云南 6 级以上地震的空间分布特征来看，自公元 886 年到 2001 年共记录 M ≧ 4.7 级地震 606 次，其中 6 级以上地震 107 次。这些地震在空间分布上具有明显的非均匀性特征，而 6 级以上地震主要集中在那些活动断裂所控制的地震带（区）内，6 级以上地震的空间分布比较严格地受活动性断裂控制，且其主要发生在几个地震带内。

2. 低丘缓坡开发地震危险预防对策及建议

根据云南省地震的空间分布特点及地震活动的特征来看，处于云南主要地震带范围内的低丘缓坡开发建设区，除应综合考虑地震对开发建设项目、产业选择的限制外，还应按国家颁布的《建筑抗震设计规范（GB500112010）》严格进行地基、场地、建筑的抗震设计，确保低丘缓坡开发的安全性。

二 云南低丘缓坡土地建设开发利用适宜性综合评价

生态环境、地质、矿产压覆、水土流失反映了云南省低丘缓坡土地综合开发适宜性评价的具体内容，是整个评价工作必不可少的重要基础工作。然而，在此基础上，通常还需要考虑开发建设的社会经济条件，将所有指标有机地综合起来，从而得到一个或几个综合性指数，以便把从不同角度进行评价的零星、分散的单项信息融合在一起，对云南省整个低丘缓坡土地综合开发系统得出整体性的评价和认识。

为了从整体上对云南省低丘缓坡土地建设开发适宜性做出评价，本书提出 2 个综合性指标（生态类指标和经济类指标），指标体系分别定为生态适宜性和经济与资源适宜性；2 个单项指标，即地灾易发度、矿产压覆等级，分别定为地灾适宜性和矿产压覆适宜性。在分项适宜性评价的基础上综合分析得出总体适宜。各类型指标的测算方法如下。

（一）评价指标

（1）生态适宜性

结合《云南省生态功能区划》《云南省土壤侵蚀遥感调查报告》、云南低丘缓坡土地资源特点，选取海拔高程、植被覆盖状况、土地侵蚀模数、水土流失比重、生态敏感性、大于 25 度土地面积比例、未利用地面积比例等单项指标，在单项指标分析计算的基础上，按照以下方法来定量计算生态适宜性值：

$$X_1 = a_{11}I_1 + a_{12}I_2 + \cdots a_{1m}I_m \qquad (2.6)$$

式中，I_1、I_2、I_m 为各指标标准化后的值，a_{11}、a_{12}、a_{13} 和 a_{1m} 分别为各指标的权重值。

X_1 值越高，表示生态适宜性越好。

（2）经济与资源适宜性

以云南省 129 个县为评价单元，选取反映各县社会经济发展状况的单项指标：人均 GDP，二、三产业比重，交通道路密度，固定资产投资总额，低丘缓坡土地资源量比重，非农业人口比例。在分别测算这些指标值的基础上，按照以下方法来定量计算经济与资源适宜性值，X_2 值越高，表示经济适宜性越好：

$$X_2 = a_{21}F_1 + a_{22}F_2 + \cdots a_{2m}F_m \qquad (2.7)$$

式中，F_1、F_2、F_m 为各指标标准化的值，a_{21}、a_{22}、a_{23} 和 a_{2m} 分别为各指标的权重值。

（3）矿产压覆适宜性

低丘缓坡土地资源综合开发矿产压覆适宜性评价，主要根据建设区矿产压覆等级进行划分。矿产压覆等级的确定与否是根据建设用地选址是否有压覆重要矿产（重要矿产资源是指《矿产资源开采登记管理办法》附表所列 34 个矿种和全省优势矿产、紧缺矿产）来判断的。

（4）地灾适宜性

建设开发地灾适宜性评价，主要根据云南省地质灾害调查及区划确定的各地区地质灾害易发度进行判别。

（5）建设开发综合适宜性评价

建设开发综合适宜性评价是上述分项指标的有机综合与集成。在分别测算以上 4 个指标值的基础上，按照以下方法来定量测算建设开发综合适宜性值，C 值越高，表示建设开发适宜度越高：

$$C = a_1 . X_1 + a_2 . X_2 + a_3 . X_3 + a_4 . X_4 \qquad (2.8)$$

式中，a_1、a_2、a_3、a_4 分别指各单项指标的权重值。

（二）指标权重的确定

按照德尔菲法（专家咨询法），组织生态、地质、经济、国土等部门 15 位专家对上述评价指标的权重进行赋值，经过相应处理后，得到了适宜性评价指标及权重值见表 2-6。

表 2-6　适宜性评价指标及权重值

第一层次指标	权 重	第二层次指标	权 重
生态适宜性	0.35	海拔高程	0.10
		植被覆盖状况	0.15
		土壤侵蚀模数	0.15
		水土流失比重	0.25
		大于 25 度土地面积比例	0.25
		未利用地面积比例	0.10

续表

第一层次指标	权　重	第二层次指标	权　重
经济与资源适宜性	0.22	人均 GDP	0.12
		二、三产业比重	0.14
		交通道路密度	0.23
		固定资产投资总额	0.28
		低丘缓坡土地资源比重	0.12
		非农业人口比重	0.11
地灾适宜性	0.28	地灾易发度	1
矿产压覆适宜性	0.15	矿产压覆等级	1

资料来源：云南省低丘缓坡土地综合开发利用专项规划。

（三）评价标准

测算出研究区域分项指标分值后，以此为依据进行分级，以便对不同等级进行定性，使研究成果做到定性与定量相结合，更好地为实施低丘缓坡土地建设开发提供科学指导和决策依据。

（1）生态适宜性分级

结合《云南省生态功能区划》及云南省低丘缓坡可开发土地资源状况，将低丘缓坡区建设开发的生态适宜性划分为高度、中度、低度、适宜性差 4 个等级，生态适宜性分级标准及基本含义见表 2－7。

表 2－7　生态适宜性分级标准及基本含义

生态适宜性	适宜性值	基本含义
1. 高度	≥90	建设开发生态适宜程度很高；土地开发利用活动未处于生态高度敏感区；开发的生态协调度较高，开发能够确保区域生态系统的安全

生态适宜性	适宜性值	基本含义
2. 中度	70～90	建设开发生态适宜程度中等；土地开发利用活动受到一定程度的生态影响和限制；通过采取相应的措施，可以确保合理有效开发
3. 低度	50～70	建设开发利用生态适宜度较低；土地开发利用活动会对生态环境造成显著的影响和破坏；需要采取切实有效的生态建设与环境保护措施，才能确保开发利用的生态友好性
4. 适宜性差	30～50	建设开发利用的生态适宜度很低；土地开发利用活动对生态的干扰较明显；需要采取强有力的生态建设与环境保护措施，才能确保土地利用与生态环境的协调发展

资料来源：云南省低丘缓坡土地综合开发利用专项规划。

（2）经济适宜性分级

根据评价区域社会经济发展现状及各区域所对应的分析指标值，将云南省低丘缓坡土地资源建设开发经济适宜性等级划分为高度、中度、低度、适宜性差 4 个等级，经济适宜性分级标准及基本含义见表 2 - 8。

表 2 - 8 经济适宜性分级标准及基本含义

经济适宜性	适宜性值	基本含义
1. 高度	≥90	建设开发经济适宜程度很高；开发经济保障力较强，开发为建设用地的适宜性高；开发的经济效益将会较显著
2. 中度	70～90	建设开发经济适宜程度高；开发经济条件较好，开发为建设用地的适宜性好；开发可有效提升区域经济快速发展

续表

经济适宜性	适宜性值	基本含义
3. 低度	50 ~ 70	建设开发经济适宜程度一般；开发受当地经济发展水平限制，开发的经济支撑条件有待进一步提高
4. 适宜性差	30 ~ 50	建设开发经济适宜程度差；开发因经济发展落后而受限明显，缺乏有力的经济条件保障；可考虑其他用途的开发

资料来源：云南省低丘缓坡土地综合开发利用专项规划。

（3）地灾适宜性分级

根据云南省地质灾害易发性分布情况，结合低丘缓坡土地资源的具体特点，将低丘缓坡土地资源建设开发地灾适宜性分为高度、中度、低度、适宜性差4个等级，地灾适宜性分极标准及基本含义见表2-9。

表2-9 地灾适宜性分级标准及基本含义

地灾适宜性	适宜性值	基本含义
1. 高度	≥90	建设开发适宜程度高；土地开发利用活动未受明显地质灾害限制；能够确保土地开发活动正常进行及可持续利用
2. 中度	70 ~ 90	建设开发适宜程度中等；土地开发利用活动受到一定程度的地灾影响和限制；通过采取相应的措施，可以确保合理有效开发
3. 低度	50 ~ 70	建设开发适宜度较低；土地开发利用活动有诱发地质灾害发生的可能性；需要采取切实有效防灾、减灾和生态修复措施，才能确保开发建设活动的正常进行
4. 适宜性差	30 ~ 50	建设开发的适宜度很低；土地开发利用活动诱发地灾发生的可能性较高；需要采取强有力的防灾措施，才能确保开发的进行

资料来源：云南省低丘缓坡土地综合开发利用专项规划。

（4）矿产压覆适宜性分级

根据《云南省矿产资源规划（2008—2015 年)》，结合云南省低丘缓坡土地资源的具体特点，将矿产压覆分为高度、中度、低度、适宜性差 4 个等级，矿产压覆适宜性分级标准及基本含义见表 2 - 10。

表 2 - 10　矿产压覆适宜性分级标准及基本含义

矿产压覆适宜性	适宜性值	基本含义
1. 高度	≥90	开发区域内未存在重要矿产压覆情况
2. 中度	70 ~ 90	开发区域内小范围存在非重要矿产压覆情况
3. 低度	50 ~ 70	开发区域内一定范围内存在矿产压覆情况
4. 适宜性差	30 ~ 50	开发区域内矿产压覆情况较为明显、严重或存在对重要矿产的压覆

资料来源：云南省低丘缓坡土地综合开发利用专项规划。

（5）建设开发综合适宜性划分

参照上述分级系统及标准，并考虑云南省低丘缓坡土地资源利用的总体特点，将建设开发的总体适宜性划分适宜性高、适宜性中、适宜性低和适宜性差 4 个级别。建设开发综合适宜分级标准及基本含义见表 2 - 11。

表 2 - 11　建设开发综合适宜性分级标准及基本含义

适宜性等级	分值	基本含义
1. 适宜性高	≥90	建设开发的生态、地灾、矿产压覆、经济适宜性均很高，因而总体的适宜程度高；土地开发利用活动对生态环境可能造成的影响和破坏较小，且开发经济效益和社会效益好；能够通过开发提高区域的可持续发展能力

续表

适宜性等级	分值	基本含义
2. 适宜性中	70～90	建设开发利用的总体适宜度为中等，开发利用中经济、生态、地灾或矿产压覆某一方面适宜性较低；开发利用活动对生态环境可能造成了一定程度的影响和破坏；通过采取一般性的生态环境措施、经济措施或综合措施，一般可以确保开发的正常进行
3. 适宜性低	50～70	建设开发利用的总体适宜程度较低，开发中存在受经济、生态、地灾或矿产压覆限制的情况；土地开发利用活动可能对生态环境造成显著的影响和破坏；需要采取切实有效的生态环境措施、经济措施或综合措施，才能确保开发活动的进行
4. 适宜性差	30～50	建设开发利用的总体适宜程度低下，开发受经济、生态、地灾或矿产压覆的限制较明显；如果能够采取强有力的灾害防治措施、生态环境保护措施、经济措施或综合措施，可以进行开发

资料来源：云南省低丘缓坡土地综合开发利用专项规划。

（四）评价结果及措施建议

通过在分项指标统计分析的基础上，根据各项指标的分值及权重计算得出云南省各县的低丘缓坡土地综合开发适宜性值，并通过充分协调论证、专家咨询，最终划定结果全省 129 个县中有 76 个处于适宜性中等以上区域，其中 30 个县处于高度宜建区域，46 个处于中度宜建区，36 个县可开发的适宜性低，17 个县可开发的适宜性差。各县由于评价指标采用的是社会经济、生态、地灾、矿产压覆这 4 个方面的指标来进行的，部分县区受单项因素的影响，建设开发适宜性会有所提高；部分区县建设开发适宜性又会有所降低，故在考虑具体区域开发适宜性问题时，还需结合不同开发类型来加以分析，确定其开发方向。

从空间分布来看，适宜性较高的区县主要集中于滇中区域，一方面该区域社会经济发展程度较好，生态敏感性较低，低丘缓坡开发受地灾、矿产压覆的影响不突出，整体开发条件较好；另一方面，该区域以滇中城市群为主体，是云南省经济发展的核心增长极，建设用地需求较大，低丘缓坡土地建设开发经济驱动力较强。该区域低丘缓坡的建设开发，重点应在充分利用各项优势的基础上，有机协调与城市建设、产业开发、基础设施建设等在今后一段时期的发展需求，合理定位开发建设方向，为城乡工业对接、产业升级提供积极的引导。

建设开发适宜性中等的区域主要分布在云南省各州的次级中心城市，其低丘缓坡土地资源建设开发部分条件不及适宜性高区域，但从整体来看，该区域建设开发的社会经济条件仍较好，低丘缓坡土地建设开发的需求也较强。该区域低丘缓坡的建设开发应把重点放在区域发展能力提升、新的经济增长点的构建上，通过低丘缓坡的建设开发为区域发展格局的优化提供支撑。

适宜性较低、较差区域，根据所选取的指标，其适宜性低除受经济发展水平影响外，还受生态敏感性、地质灾害及矿产压覆的影响，该类区域如能适当地选择开发项目，发展生态友好型产业，将低丘缓坡土地资源建设开发与生态建设进行有机的结合，其低丘缓坡的建设开发仍具一定的潜力。

第三章 基于 GIS 的低丘缓坡土地建设开发适宜性评价

——以大理市为例

随着我国社会经济的不断发展，工业化、城市化进程的不断加快，我国人多地少及用地需求与供地不足之间的矛盾日益凸显，而建设占用耕地已成为一种必然的趋势。这种农地过度非农化的现象，会导致我国耕地大量流失，威胁粮食安全，同时，会产生大量失地农民，不利于我国社会的稳定。低丘缓坡资源是主要的土地后备资源，采用科学合理的方法进行低丘缓坡建设适宜性评价，对土地合理利用及耕地保护具有积极作用，对综合效益的提高及土地可持续利用具有十分重要的意义。大理市具有较大低丘缓坡开发潜力，因此，本书对大理市低丘缓坡区域的研究，为低丘缓坡建设评价方法体系的完善提供了参考。

国外土地评价最初是为"赋税"而逐步发展起来的，在长期的研究与实践中，国外在山地、坡地资源的开发利用，城镇发展建设以及生态环境保护方面都形成了一定的理论体系，并且从实践中积累了很多成功的经验。日本的山地面积占国土面积比重大，其采用了边开发边保护的方式进行资源利用，而作为山国的意大利主要将山地丘陵未利用土地发展为山地农业。随着信息技术的不断发展，新的技术方法如遥感、地理信息系统等与土地评价研究相结合并得到了广泛的应用，土地评价自动化程度越来越高，并不断向定性与定量相结合的方向发展。V J. Kollias、Bojórquez‒Tapia LA、Fang 等人运用 GIS 技术进行土地适宜性评价。我国较为全面、系统的土地评价工作开始于 20 世纪 50 年代的荒地资源调查。近些年，土地适宜性评价是土地利用评价的主要方面，我国建设用地评价重点则从平地转向山地，李伟松、刘卫东、吕杰等人对不同区域山地开发适宜性进行了研究。同时，此阶段在方法技术上有较大发展，GIS 技术的应用也更加普遍。目前，我国土地评价研究多与 GIS 技术相结合，并以定性与定量相结合为基础。如李红波等人在 GIS 的基础上，通过构建元胞自动机生态位适宜度模型的方法对安宁市低丘缓坡土地开发建设适宜性进行了评价；周豹等人在麦克哈格适宜性评价理论的基础上，选择多因素评价方法，并运用 ArcGis 空间分析功能对数据进行处理，再利用静态数学模型对云南省宾川县低丘缓坡建设用地适宜性进行了评价；张慧等人引入生态学的概念，通过"生态位"元胞自动机和与 GIS 的结合对安宁市低丘缓坡资源进行建设适宜性评价。

建设用地适宜性评价的核心在于建立适应研究区域自身实际情况的评价指标体系，并在此基础上选择合适的评价方法和建立适宜的评价模型。本书在以往土地适应性评价侧重于土地本身自然属性的基础上，结合大理市具体情况构建了地形地貌、生态环境、地质条件、空间区位和社会经济等综合指标体系。在评价指标的选取上更具全面性和科学性。在评价方法上引入约束性因子构建静态数学模型，并运用 CA 模型的原理进行适宜性模拟，计算出下一时刻的土地适宜性状态，通过比较，本书选择适宜性模拟结果作为本书的最终结果进行分析。经过对低丘缓坡开发建设适宜性评价结果的分析，划分出大理市低丘缓坡土地利用分区，并针对分区结果提出了低丘缓坡开发利用的用地建议。

第一节　研究区概况及低丘缓坡评价范围确定

一　研究区概况

大理是大理白族自治州州府所在地，位于滇西中部，是滇西的交通枢纽。大理市为高原盆地地形，总体呈西北高、东南低、四周高、中间低的特征。大理处于低纬度高海拔地带，属于典型的亚热带高原季风气候区，土壤类型多样、干湿季分明、年温差小、日温差大。大理市降水丰富，地表水和地热水资源较丰富，洱海为云南省第二大高原淡水湖泊，属于天然湖泊。大理市辖 10 个镇 1 个乡及一个国家级经济开发区，市内有国家级重点文物保护单位 4 处，省级 2 处，是国家级优秀旅游城市。

二　低丘缓坡土地评价范围确定

本书结合低丘缓坡的相关概念和云南省的实际情况，

将低丘缓坡地定义为具有一定成片开发条件，在云南省划定的坝区范围以外的，坡度在 8 ~ 25 度的包括各种土地利用类型的土地资源。本书研究的是低丘缓坡土地资源开发建设适宜性，根据低丘缓坡的定义及土地开发利用的基本条件并结合大理市的实际情况，确定本书研究大理市低丘缓坡建设适宜性评价的范围。本书研究将大理市 25 度以上集中连片的区域，海拔大于 3000 米的区域，洱海和湖泊、水库水面，坝区范围以及洱海内两座观光岛屿扣除以后的区域作为本书的评价范围。大理市低丘缓坡开发建设适宜性评价范围如图 3 – 1 所示。

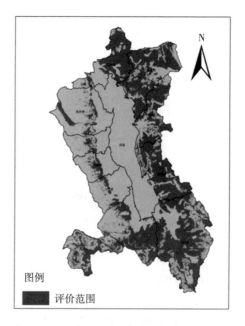

图 3 – 1　大理市低丘缓坡开发建设适宜性评价范围

第二节 低丘缓坡土地建设适宜性实证研究

一 数据来源

本书研究的空间数据均采用统一的投影坐标系即西安 80坐标系统，研究运用数据的主要来源：大理市第二次全国土地调查数据库、《大理市低丘缓坡土地综合开发利用专项规划（2012 - 2016 年）》、《云南省大理白族自治州矿产资源规划（2008 - 2015 年）》、《云南省大理市地质灾害防治规划（2011 - 2020 年）》、《大理生态州建设规划（2009 - 2020 年）》、MODIS13Q1 产品数据集及大理市 2009 年社会经济统计年鉴等。

二 适宜性评价原则

进行低丘缓坡土地适宜性评价，需要考虑长远目标和可持续发展性，坚持开发利用与保护相结合，在注重生态保护的前提下，注重综合效益。本书进行建设适宜性评价遵循综合性和主导因素原则，生态保护优先原则，因地制宜原则，经济、社会、生态效益相结合原则，针对性原则及可持续利用原则。

三 评价单元划分

本书根据数据特点采用网格法进行适宜性评价研究，运用

GIS 地理空间分析功能进行大理市低丘缓开发利用的适宜性评价，选择较大尺度的评价单元，将降低评价单元数据的准确性，而评价单元太小则可能导致数据量过大，其对数据精度的要求相对更高。因此，本书利用 1∶10000 万比例尺精度数据，构建 50m×50m 的评价单元。

四 评价指标体系构建

低丘缓坡建设适宜性评价是一个较为复杂的评价过程，参评因子的选择是其建立合理指标体系的重要条件。按照低丘缓坡适宜性评价因子的选择原则，结合大理市自然地理环境、社会经济条件及生态环境等多方面的因素，根据低丘缓坡土地开发利用所应该考虑的评价因子并结合数据收集情况及其可操作性，从评价指标体系构建的科学合理性出发，建立大理市低丘缓坡建设适宜性评价体系。此体系主要包括地形地貌等五个不同方面共 18 个一般性评价因子及 6 个约束性因子，用以反映大理市低丘缓坡适宜性情况与其适宜程度。本书根据数据收集情况，确定研究的约束性评价因子为规划基本农田保护区、国家级公益林和省级公益林、禁止建设区、苍山洱海保护区、距断裂带 500m 范围区矿产资源重点勘查。

五 权重的确定

本书研究考虑到大理市山地生态系统复杂性和基础数据的可操作性及指标量化的准确程度，采用完全定量化的方法确定指标权重的数学模型难度较大，因此，采用层次分析确定指标权重，评价指标权重见表 3 – 1。

表 3 – 1 评价指标权重

目标层	准则层	指标层	权 重
低丘缓坡开发建设适宜性评价	地形地貌	坡度	0.050
		坡向	0.019
		高程	0.013
		相对高差	0.029
	生态环境	生态敏感性	0.090
		生物多样性	0.057
		水土保持重要性	0.050
		植被覆盖指数	0.042
		距河流距离	0.025
	地质条件	岩土种类	0.041
		地质灾害	0.112
		距断裂带距离	0.159
		水土流失	0.071
	空间区位	交通通达度	0.105
		城镇影响力	0.052
	社会经济	土地利用类型	0.046
		人口密度	0.025
		非农人口比例	0.014

六 评价模型的确定

静态数学模型主要建立在多因子综合评价模型的基础上，引入约束性因子的影响值，计算一般性评价因子的综合影响值和约束性因子综合影响值，根据两者结合求得的最后分值，确定适宜性程度。本书低丘缓坡开发建设适宜性评价采用静态数学模型，根据适宜性评价因子的特点，采用以下数学模型进行计算：

$$Y = \lambda \sum_{i=1}^{m} X_i \cdot W_i \tag{3.1}$$

$$\lambda = \prod_{j=1}^{n} P_j \tag{3.2}$$

式中，Y 指评价单元的综合评价值，λ 指约束性因子综合评价值，m 指一般性评价因子个数，X_i 指第 i 项一般性因子分值，W_i 指第 i 项一般性因子权重，n 指约束性因子个数，P_j 指第 j 项约束性因子分值。

在上述模型中，一般性因子采用累加求和的方法计算，因子分值通过引入模糊数学方法，建立各评价因子的模糊隶属度函数。本书研究的隶属度函数主要包括三种类型即阈值型、S型隶属度函数及抛物线型，并在实际中将曲线型函数转化为相应的折现型函数，以便于计算。约束性因子采用求积的方法计算。约束性因子赋值采用"一票否决制"，只取0和1进行赋值计算，从而保证当评价单元为约束性因子所在评价单元时否定其他评价因子的作用。

土地适宜性的状态是由其本身的适宜性及其相邻的元胞邻居的状态所决定的，周边土地具有更高适宜性则中心元胞的开发建设的可能越高。因此，本书运用CA模型的原理进行适宜性模拟，评价单元的元胞在下一时刻的适宜性是由其与周边邻

居状态及一定的转换规则共同作用所决定的，如公式 3.3
所示：

$$S_{ij}^{t+1} = f\left(S_{ij}^{t}, \ \Omega_{ij}, \ T\right) \tag{3.3}$$

这一公式表示过去的土地适宜性是通过土地之间的相互作
用来影响未来土地适宜性的，本书采用 Moore 型邻域，通过
3×3 的窗口，中心元胞的值由其周围相邻的 8 个邻居单元获
取，由此计算出下一时刻的土地适宜性状态，利用概率的方法
可以对转化规则进行灵活定义。本书土地开发建设适宜性转化
规则：

$$R_{t+1}\left(ij\right) = Q_{t}\left(ij\right) \cdot con\left(suit\left(ij\right)\right) \cdot \Omega_{t}\left(ij\right) \tag{3.4}$$

式中，$R_{t+1}\left(ij\right)$ 为元胞在 t+1 时刻的建设适宜性概率，
$Q_{t}\left(ij\right)$ 为单因子的综合适宜性即 $\sum_{i=1}^{m} X_i \cdot W_i$，$con\left(suit\left(ij\right)\right)$
为约束性条件即 λ，$\Omega_{t}\left(ij\right)$ 为邻域影响值。

其中，邻域影响值以 3×3 邻域窗口进行计算：

$$\Omega_{t}\left(ij\right) = \frac{\sum_{3\times3} N\left(suitable\left(ij\right)\right)}{3\times3 - 1} \tag{3.5}$$

具体做法：通过 $R_{t}\left(ij\right)$ 获取格网单元适宜性值，并根据
适宜性分值建立一个 0 和 1 的专题图，值 0 代表不适宜，值 1
代表适宜。$\Omega_{t}\left(ij\right)$ 通过目标专题图获取，方法如下列公式
所示：

$$\Omega_{t}\left(ij\right) = \left(\sum_{i=x-1}^{x+1}\sum_{j=y-1}^{y+1} OL_{ij} - OL_{xy}\right) / \left(\sum_{i=x-1}^{x+1}\sum_{j=y-1}^{y+1} N_{ij} - 1\right) \tag{3.6}$$

式中，OL_{ij} 为单元网格的值（0 或 1），N_{ij} 为用以处理边界元胞，若格网是空值（即超出格网边界），$N_{ij} = 0$，反之，则为 1。

土地适宜性模拟演化过程的结果通过观察 $t+1$ 时刻与 t 时刻的建设适宜性分布值，比较两者之间的差别获得，倘若两者之间没有什么差别，则可以判定其达到稳定状态，结束演化。

第三节　结果分析

一　适宜性分级及评价结果分析

（一）适宜性分级结果

本文通过 ARCGIS 空间分析模块（Spatial Analyst）中的重分类功能（Reclassify），根据大理市低丘缓坡适宜性评价结果数据及相关研究的划分标准，按照适宜性分值的大小从高到低划分为四类：高度适宜、中等适宜、一般适宜和不适宜。分类结果：0～0.4 为不适宜建设，0.4～0.6 为一般适宜建设，0.6～0.8 为中等适宜建设，大于 0.8 为高等适宜建设。

（二）适宜性评价结果分析

1. 一般性因子综合适宜性分析

根据本书所选择地形地貌因子、生态环境因子、空间区位因子、地质条件因子和社会经济因子，并根据相对应的权重，计算一般性评价因子的综合适宜性，一般性因子综合分析如图

3 - 2 所示。

2. 约束性因子综合适宜性分析

根据所确定的六类约束性因子及相应的赋值，利用静态数学模型中公式（3.2），计算求得约束性因子的综合适宜性值，约束性因子综合分析如图 3 - 3 所示。

| 图 3 - 2 一般性因子综合分析 | 图 3 - 3 约束性因子综合分析 |

3. 静态数学模型适宜性评价结果

本书根据上述所计算出的一般性因子综合适宜性分值和综合约束性因子分值进行叠加分析，按照公式（3.1）计算出评价区域内低丘缓坡开发利用适宜性评价结果，综合适宜性分析如图 3 - 4 所示。

图例
- 不适宜
- 一般适宜
- 中等适宜
- 高等适宜

图 3 - 4　综合适宜性分析

4. 适宜性模拟结果

本书对评价区域土地开发利用建设适宜性进行模拟分析，主要通过前文所述的方法将上述评价结果代入公式（3.4），通过 Focalsum 函数求得邻域范围内适宜建设的元胞数，并运用 GIS 空间模拟求得，适宜性概率结果如图 3 - 5 所示，并按照上述分级标准进行分级，适宜性分级结果如图 3 - 6 所示。

本书研究的土地适宜性模拟结果相对于静态数学模型的评价结果来说，一般适宜和不适宜区域相对变大，两种评价结果分布及趋势是一致的，其变化主要体现在细部。本书选择适宜性模拟结果作为研究的最终结果进行分析。通过低丘缓坡

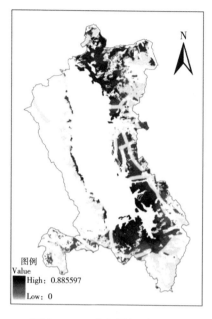

图 3 – 5　适宜性概率结果

图 3 – 6　适宜性分级结果

开发建设适宜性概率结果分级图可以明显看出，大理市建设用地较好的区域分布在洱海以东部分地区，此区域属于地势相对平缓，区位条件、生态环境等条件相对较好的地区，不适宜建设区域主要分布在洱海以西地区以及大理市西南部分地区。通过本书划定的低丘缓坡评价区域范围，经 ARCGIS 软件分析，根据分级标准进行统计，大理市低丘缓坡开发建设适宜性评价结果为不适宜建设面积 34114.45 公顷，占评价结果面积的 48.92%，适宜建设面积 35625.68 公顷，占 51.18%。其中适宜建设的低丘缓坡土地面积：一般适宜土地面积 12548.42公顷，中等适宜土地面积 22683.56 公顷，最适宜土地面积 393.69 公顷。适宜建设的低丘缓坡土地资源主要分布在大理市经济开发区、海东镇、凤仪镇、上关镇、下关镇、双廊镇的部分地区。

二 土地利用分区结果分析

本书按照大理市低丘缓坡开发建设适宜性评价结果将评价区域分为适宜建设区及不适宜建设区，将不适宜建设区划分为生态功能保护区，结合"宜农则农，宜林则林"的原则再将其划分为农地保护区和林地保护区，禁止一切与生产建设有关的活动；适宜建设区按照"宜建则建"的原则，根据适宜性分值的大小及其分布区域的集聚性进行划分，适宜性分区分析如图3-7所示。

图3-7 适宜性分区分析

（一）优先建设区

根据适宜性评价结果，划分优先开发建设区块，由于最适宜性区块相对面积较小，因此主要以中等适宜性区块与最适宜性区块相结合为优先建设区块。优先建设区块具有优越的建设条件，是城镇发展需求用地的主要供给区域，适宜连片的城镇开发和工业建设。本区域划定的建设用地区域面积相对较大，建设用地一般按照时序性进行开发。因此，本书据此将优先建设区划分为一级优先建设区及二级优先建设区。二级优先建设区即次级优先建设区，此区域可进行开发建设，但目前不以开发建设为主，可进行适当开发，并需要辅以耕地保护和林地保护等生态保护，此区域主要以连片区块划分。

（二）选择建设区

选择建设区也具有较高的建设适宜性，相对于优先建设区，选择建设区可以根据具体开发建设的需要及当地发展的具体情况，进行适当的开发，选择性建设区块一般考虑一定的生态保护作用，并不完全用于开发建设，如不以连片开发为目的的点状式开发。与优先建设区相同的是其根据适宜性情况主要选择相对较高适宜性的连片区块划分，与优先建设区划分的区别主要是其考虑现实的开发情况和交通条件。

（三）建设用地保障区

建设用地保障区是除优先建设区和选择建设区以外的适宜建设区域，根据城市发展的需要及耕地、林地保护等方面的考虑，此区域亦可被称为建设用地储备区即后备建设用地区，当城市发展建设用地需要扩张并且建设用地指标增加时，其可以发展为城镇、工业用地的土地资源，与选择建设区的不同在于，此区域在开发利用前以保护区域生态环境为主，避免进行生产建设。

（四）生态功能保护区

生态功能保护区即划定的不适宜建设区域，此区域可以遵循"宜农则农，宜林则林"的原则进一步划分为农地保护区及林地保护区。农地保护区是进行耕地保护的重要区域，城镇发展必须符合国家保护耕地的基本国策，需要始终坚持保护耕地保证粮食安全，建设尽量少占耕地，特别是优质耕地；同时要保持耕地占补平衡，不仅保证数量上的平衡还需要考虑质量上的平衡。该区域的划定以考虑现状为耕地、牧草地、园地等的土地类型为主。林地保护区主要分布的土地类型为林地，其对当地生态系统的稳定及可持续发展有重要的作用。林地对区域生态环境及人居生活环境等存在影响，林地保护区以现状为林地或者能够发展为林地的区域为主，这主要参考公益林及土地利用现状条件进行划定。

三　低丘缓坡山地开发的用地建议

本书以实现环境友好型城市发展建设为土地利用目标，注重实现土地节约集约利用，并在土地利用过程中重视生态保护，实现经济效益与生态效益的统一，有利于促进城镇可持续发展。

对于优先建设区，选择组团式用地布局方式，这一区域主要包括了海东组团、凤仪组团及下关组团。其具有优越的区位条件，可以沿交通干线发展建设，加强各组团之间的联系，有利于今后发展形成规模效应。同时，应该根据当地发展的实际情况，推动土地利用结构及产业结构的调整，避免分散布局，将各类型用地尽量安排在同一地区集中分布，杜绝进行重复性建设，促进土地节约集约利用。选择建设区可以根据发展需要辅以开发建设，或者依当地特点进行旅游用地的开发。建设保障区以保护生态为主，可以发展生态景观。切实保护基本农田，并适当改善农田保护区内非基本农田区域土地的质量，大力发展特色种植业并保持优势种植业的发展，有利于形成规模化生产、提高土地利用效率。林地是生物多样性保护和生态系统协调发展的重要用地类型，因此应该对林地实施有力的保护，不仅要对集中连片的森林地带进行保护，对优化城区范围内生态环境的林地资源也需要进行保护，对可以发展为林地的未利用地可以根据需要进行发展，一些荒地、裸地可以被作为后备的重点造林土地。

本书在进行土地分区的过程中并未考虑矿产资源区及风景保护区等类似区域，但是自然景观及人文景观的保护对城镇文化传承与发展有重要作用，对此类用地，应该保留，避免占用，并与生态保护相结合进行发展，这不仅能够提高当地经济效益而且也能实现生态效益。大理市低丘缓坡开发建设应该形成新型城镇化、产业化发展方式，按照开发适宜性结果进行有区分的集中的适度开发，并坚持以生态环境保护为前提，充分发挥其自身的地域优势、文化优势及生态优势，构建环境友好的新型山区城镇。

四　结语

土地资源评价是一项涉及多学科领域、综合性的研究工作，是地理学、土壤学、生态学、经济学、城市科学等多学科的有机结合，而且低丘缓坡开发建设适宜性评价研究所涉及的相关内容包括自然环境、社会经济等多方面。虽然本书研究进行了大量前期研究工作，但是由于时间的限制、资料数据的局限、以及笔者知识结构及研究经验和能力不足等，本书研究不够深入且存在许多不足之处，需要进一步研究，这主要包括：（1）指标体系的构建方面仍处于研究阶段，指标选择的科学性和合理性可能存在一定的欠缺，需要进行研究和完善；（2）层次分析法确定指标权重，具有较强的主观性，可以与客观赋权法相结合；（3）结合 CA 模型原理进行土地利用适宜性模拟，分析较为单一，可更多从定量的角度进行模型的检验与研究；（4）对土地分区标准及不同分区用地具体用地布局的进一步研究有待加强。

参考文献

［1］于亢亢：《低丘缓坡土地开发利用效益评价研究——以延安市北区二期、东区一期项目为例》，硕士学位论文，长安大学，2014。

［2］王骄：《生态视角下城镇上山实施回顾与规划对策》，硕士学位论文，重庆大学，2014。

［3］朱山华：《新的土地补充源值得研究——对浙江省丽水市低丘缓坡综合开发利用的思考》，《中国土地》2011 年第 8 期。

［4］S. Kalogirou, "Expert Systems and GIS: An Application of Land Suitability Evaluation," *Computers, Environment and Urban systems*, 2002, 26: 89 – 112.

［5］T. R. Nisar Ahamed, K. Gopal Rao, J. S. R. Murthy, "GIS – Based Fuzzy Membership Model for Crop – Land Suitability Analysis," *Agricultural Systems*, 2000, 63 (2): 75 – 95.

［6］Roger Ngoufo, "The Bamboutos Mountains: Environment and Rural Land Use in West Cameroon," *Mountain Research and Development*, 1992, 12 (4): 349 – 356.

［7］V. J. Kollias, D. P. Kalivas, "The Enhancement of a Commercial Geographical Information System with Fuzzy Processing Capabilities for the Evaluation of Land Resources," *Computers and Electronics in Agrieulture*, 1998, 20: 79 – 95.

［8］ Bojórquez – Tapia L. A. , Diaz – Mondragón S. , Ezcurra E. , "GIS – based approach for participatory decision making and land suitability assessment," *International Journal of Geographical Information Science* , 2001, 15 (2)：129 – 151.

［9］ Fang, S. F. , George Z. G. Sun, Z. L. 5etal. , "The impact of interactions in spatial simulation of the dynamics of urban sprawl," *Landscape and Urban Planning* , 2005, 73：294 – 306.

［10］ 李坤、岳建伟：《我国建设用地适宜性评价研究综述》，《北京师范大学学报》（自然科学版）2015 年第 S1 期。

［11］ 李伟松、李江风、钟紫玲：《GIS 支持下的湖北省赤壁市低丘缓坡建设用地生态适宜性评价》，《国土资源科技管理》2014 年第 1 期。

［12］ 刘卫东、严伟：《经济发达地区低丘缓坡土地资源合理开发利用——以浙江省永康市为例》，《国土资源科技管理》2007 年第 3 期。

［13］ 吕杰、袁希平、甘淑：《低丘缓坡土地资源开发利用战略分析研究》，《中国农学通报》2013 年第 35 期。

［14］ 倪绍祥：《近 10 年来中国土地评价研究的进展》，《自然资源学报》2003 年第 6 期。

［15］ 庞悦：《基于 GIS 低丘缓坡土地资源开发利用评价研究》，硕士学位论文，中国地质大学，2014。

［16］ 黎夏等：《地理模拟系统：元胞自动机与多智能体》，科学出版社，2007。

［17］ 於家：《基于人工智能的土地利用适宜性评价模型研究与实现》，华东师范大学，硕士学位论文，2010。

［18］孙伟、陈雯：《市域空间开发适宜性分区与布局引导研究——以宁波市为例》，《自然资源学报》2009 年第 3 期。

［19］毛德华、陈秋林、汪子一：《关于环境友好型土地利用模式的若干基本问题的探讨》，《资源环境与工程》2007 年第 1 期。

［20］王科：《丘陵山地区城镇建设用地空间布局研究——以重庆市北碚区为例》，硕士学位论文，西南大学，2013。

［21］王辉：《中国西南山区城镇建设用地适宜性评价研究——以云南瑞丽市为例》，硕士学位论文，云南财经大学，2012。

第四章 基于 GIS 的低丘缓坡土地建设开发对项目区水土流失的影响

——以昆明市西山区花红园区块为例

云南是山地省份，山区、半山区占全省总面积的 94%，坝子（盆地、河谷）仅占 6%。为了保护坝区优质耕地，云南省实施了"城镇上山"和"工业项目上山"战略，建设开发低丘缓坡山地资源。然而，山地生态脆弱，城镇工业建设选址在生态敏感性较高的低丘缓坡山地，是否会加重低丘缓坡建设项目区的水土流失？目前相关研究较少。低丘缓坡建设开展的土地平整、基础设施建设、土地结构调整，造成建设项目区地形地貌变化，植被覆盖率降低，必然会加剧土壤侵蚀。本书以 GIS 为技术手段，运用土壤侵蚀经验模型（RUSLE 模型），定量分析低丘缓坡建设开发前、后土壤侵蚀量的变化，同时对建设后项目区保留植被的生态环境变化、地表径流变化也进行了研究，为目前正在全面推进的低丘缓坡山地建设开发的生态评价提供基础研究案例。

第一节　数据来源

西山区花红园区块地处西山区团结街道办事处，东至西山区与五华区交界处，西至棋盘山山脚，南至光头山，北至大墨雨村，地理坐标范围：东经，102°34′46″~102°36′52″；北纬，25°4′23″~25°2′17″。项目区处于坝区之外，总规模 520.00 公顷，开发建设规模 297.42 公顷，建设类别为城镇建设。

本次研究收集的数据：项目区 2009 年 1:10000 等高线，全国第二次土地调查所涉及的项目区地类图斑属性，项目区功能区分区与规划布局矢量数据，项目区土地利用总体规划（2010~2020 年）矢量面状数据，项目区 2009 年 TM 遥感影像（分辨率 30m），项目区 2012 年 QuickBird 卫星遥感影像（分辨率 0.5m）。通过对项目区实地踏勘，采集项目区土壤样点，收集项目区土壤数据，收集到的降雨数据为 2000~2011 年昆明市各月份降雨数据。

第二节　研究模型和各因子计算

本次研究的土壤侵蚀量计算采用修正后的美国通用水土流失方程 USLE 模型，即 RUSLE 模型。数据的处理和获得方面采用 ERDAS 和 ARCGIS 软件处理。该模型形式简单，所需的参数较易获得。其模型表达式如下：

$$A = f * R * K * LS * C * P \qquad (4.1)$$

式中，A 为土壤年流失量，f 为使 A 转换为代表我国的单位量纲 t/km^2 的转换常数 224.2，R 为降雨侵蚀力因子，K 为土壤可侵蚀性因子，LS 为坡长坡度因子，C 为作物覆盖与管理因子，P 为侵蚀防治措施因子。L、S、C、P 为无量纲单位因子。

利用 RUSLE 模型，我们做了以下因子计算。

一 R 值的计算

运用 FAO 建立的修订 Fournier 指数求算 R 值的方法，既考虑了年降水总量，又考虑了降水的年内分布，其计算公式如下：

$$F = \sum_{I=1}^{12} J_I{}^2 / J \qquad (4.2)$$

式中，I 是月份，J_I 是月降水量，J 是年降水量。然后建立 R 与该指数的关系为：

$$R = aF + b \qquad (4.3)$$

公式中，a 与 b 的取值为常数，取决于当地的气候条件，参考其他类似中国西南山区的文献，a 与 b 的取值分别为 4.17 和 −152。将昆明气象站 2000 ~ 2013 年月降雨量数据代入上述公式，计算项目区建设前的 R 值。考虑到项目区建设周期跨度较大，从 2013 年一期建设开始直到 2016 年建设完成。本书计算的项目区建设后的 *R* 值主要依据项目区建设规划产生的地形坡度、坡长，地表土地覆盖类型改变，2013 年以后的月度降雨量数据也基于趋势预测计算。

二 *K* 值的计算

K 因子反映了土壤对侵蚀的敏感性及降水所产生的径流量与径流速率的大小。估算 *K* 值的方法有很多，一般根据没有任何植被，完全休闲，无水土保持措施的标准小区内实测的 *A* 值，应用通用水土流失方程反求 *K* 值。土壤可蚀性因子是反映土壤抗侵蚀的能力，与土壤类型有关，指的是在其他条件相同时，土壤性质不同所引起的侵蚀量的差异。参照云南大学杨树华教授等的研究给出的滇池流域土壤 *K* 值，结合我们对项目区的实地踏勘调研，采集土壤并以土壤类型为成图单元，结合遥感图像、地形图、土地利用现状图，在 ARCMAP 中描绘出土壤类型分布图，生成因子栅格图，从而得到 *K* 值的空间分布。项目区基岩现场踏勘判断为石灰岩，喀斯特地形分布明显。

低丘缓坡建设中，基础设施的建设、路面的硬化、土地的平整，废土、废渣的产生，必然会改变项目区表层土壤的理化性质，进而改变土壤可蚀性因子，建设后 *K* 值的数值不等同于未开发建设前的 *K* 值。

三 L、S 值的计算

建设前项目区 L、S 值计算是在 RUSLE 模型中进行的，地形对土壤侵蚀的影响用坡长和坡度因子（LS）计算。土壤侵蚀随坡长和坡度的增加而增加。坡长因子和坡度因子可以通过高程模型（DEM）计算获取。DEM 根据项目区 2009 年 1:10000 比例尺的项目区等高线生成，再通过 ARCGIS 地形统计功能提取建设前项目区坡度。

本书 RUSLE 模型，使用了 McCool 等人于 1987 年提出的坡度因子（S）公式：

$$S = 10.8\sin\theta + 0.03，\theta < 5.14° \tag{4.4}$$

$$S = 16.8\sin\theta - 0.50，5.14° \leqslant \theta < 10° \tag{4.5}$$

同时，Liu 对陡坡提出了相应的公式：

$$S = 21.91\sin\theta - 0.96，\theta \geqslant 10° \tag{4.6}$$

本书坡长定义为从地表径流源点到坡度减小直至有沉积出现地方之间的距离，或到一个明显的渠道之间的水平距离。坡长因子 L 是在其他条件相同的情况下，特定坡长的坡地土壤流失量与标准小区坡长（在 RUSLE 中为 22.13m）的坡地土壤流失量之比值。

运用 ARCGIS 9.3 中水文分析模块（Hydrology）中 Flow Direction 和 Flow Accumulation 功能提取栅格水流流向和汇流累积量。根据 Wischmeier 和 Smith 于 1978 年利用获得坡长因子

（L）的小区资料的研究表明，坡长为 λ（m）坡地上的平均侵蚀量按如下公式变化：

$$L = (\lambda/22.13)^m \tag{4.7}$$

式中，L 为坡长因子，λ 为坡长，m 为坡长指数，22.13 是 RUSLE 采用的标准小区坡长。

通常情况下，坡长指数 m 的取值范围见表 4 – 1。

表 4 –1　坡长指数 m 的取值范围

坡度角 θ	m 取值
$\theta \geqslant 5.14°$	0.5
$5.14° > \theta \geqslant 1.72°$	0.4
$1.72° > \theta \geqslant 0.75°$	0.3
$\theta < 0.75°$	0.2

低丘缓坡建设后坡长、坡度因子的计算关键是建设后地形地貌变化需要新构建 DEM。本书的思路是根据项目区 2013 ~ 2016 年土地平整范围矢量图、项目区功能区分区与规划布局矢量图、西山区土地利用总体规划（局部）图（2010 ~ 2020）以及相关工程开发技术标准，修改由开发前的项目区等高线生成的不规则三角网（TIN），生成平整范围内的 DEM，而未做土地平整的地形，数字高程模型未发生变化，将两个栅格数据进行融合即生成低丘缓坡建设后的项目区 DEM。参考上述低丘缓坡建设前坡度、坡长因子的计算方法，可以计算建设后坡度、坡长因子，形成因子图。

四 C 值计算

作物覆盖管理因子 C 是指在一定条件下有植被覆盖或实施田间管理的土地土壤流失总量与同等条件下实施清耕的连续休闲地土壤流失总量的比值，为无量纲数，介于 0 ~ 1 之间。C 值主要受到植被覆盖度和土地利用现状的制约。低丘缓坡建设前项目区 C 值计算以土地利用现状图为基础，根据西山区二调数据库现状地类图层获得。结合项目区气候特点、种植特点、农业活动、土地利用特点、植被情况，发现项目区内复种指数很高，耕地基本没用休耕期，林地在冬季覆盖率仍然很高，乡村道路为水泥硬化地面，道路旁修建沟渠，排水量较大，农村居民点周围耕地分布较多，项目区边界周围为高山，拟建设区域多位于项目区盆地内。结合杨树华的研究，确定不同土地利用类型的 C 值。进行矢量数据栅格化后得到 2009 年项目区 C 值因子图。项目区各地类 C 值估算见表 4 - 2。

表 4 - 2 项目区各地类 C 值估算

土地利用类型	耕地	园地	草地	灌林地	林地	农村居民点	荒地	城市用地	水体
C 值	0.1	0.09	0.042	0.07	0.04	0.02	0.17	0	0

资料来源：杨树华、贺彬著《滇池流域的景观格局与面源污染控制》，云南科技出版社，1998。

低丘缓坡建设后项目区 C 值计算参照项目区开发前 C 值的计算方法，结合项目区规划地类和功能分区进行计算。

五　P 值计算

侵蚀防治措施因子 P 是指采用专门措施后的土壤流失量与
顺坡耕作时的土壤流失量的比值。参考美国农业部 537 号手
册，P 值的确定综合土地利用类型数据和地形坡度数据，取值
为 0 ~ 1。未采取任何水保措施的地区 P 值为 1，水土保持很
好、无侵蚀风险的地区 P 值为 0。

低丘缓坡项目区建设开发前的耕地大多分布在河谷、沟谷
地带，田埂普遍采用蓄水、保水农业技术措施。据杨子生在滇
东北山区的研究，田埂水土保持效果较好，P 值为 0.18。在印
度尼西亚的研究表明（CSAR，1995），梯田及田埂的修建质量
对 P 值有直接的影响，并根据梯田及田埂的修建质量，分别给
P 赋值：0.04（好）、0.15（一般）、0.359（差）。据此，当
耕地坡度小于 1 度时，P 值取 0.15；其余坡度时根据项目区实
际调查的情况按等高耕作取值，考虑项目区有的耕地大于 24
度，此时按 24 度进行取值。根据美国农业部 537 号手册整理
出来的不同耕作模式，不同坡度的耕地的 P 值，通过图形叠
加，运用 intersect 工具将不同坡度下的耕地（包括水田和旱
地）提取出来，并进行 P 的赋值，得到各耕地地块的 P 值图。
项目区非耕地如草地、林地等，人为干预因素很少，水土保持
措施基本没有。

低丘缓坡建设后项目区 P 值计算方法类同于前述，只是
DEM 是按照建设后的地形地貌计算，用地类型也是按照规划

用地进行 P 值赋值，得到低丘缓坡建设后的项目区 P 值因
子图。

第三节　结果分析

一　低丘缓坡土地建设开发前后土壤侵蚀量变化

将低丘缓坡建设开发前、后各因子图层相乘，得到建设开
发前、后的项目区土壤侵蚀量图，并根据项目土壤侵蚀分级标
准，见表4-3，进行重分类，得到建设前、后项目区土壤侵
蚀等级图，如图4-1、图4-2所示。

表4-3　项目区土壤侵蚀分级标准

单位：$t/km^2 \cdot a$

侵蚀等级	平均侵蚀模数
极微度	< 200
微　度	$200 \sim 500$
较轻度	$500 \sim 1500$
轻　度	$1500 \sim 2500$
中　度	$2500 \sim 3500$
重　度	$3500 \sim 5000$
较强度	$5000 \sim 6500$
强　度	$6500 \sim 8000$
剧　烈	> 8000

资料来源：水利部土壤侵蚀分级分类标准 SL190-2007。

**图 4 – 1　建设前项目区土壤
侵蚀等级**

**图 4 – 2　建设后项目区土壤
侵蚀等级**

表 4 – 4　建设前、后项目区各侵蚀等级统计表

	侵蚀等级	图斑数（个）	面积（m²）	百分比（%）
	极微度	372447	3352023	64.62
	微　度	48059	432531	8.34
	较轻度	6359	57231	1.10
	轻　度	10621	95589	1.84
建设前	中　度	12308	110772	2.14
	重　度	19098	171882	3.31
	较强度	17831	160479	3.09
	强　度	14178	127602	2.46
	剧　烈	75467	679203	13.09
建设后	极微度	403521	3631689	69.89
	剧　烈	173863	1564767	30.11

建设开发前项目区年侵蚀量 17633.17t/km²，平均侵蚀模数为 3391t/km²·a，为中度侵蚀，远大于水利部 SL190 –2007 标准中水力土壤侵蚀类型区西南土石山区的土壤允许流失量：500t/km²。建设开发后项目区年侵蚀量为 165.85t/km²，项目区平均侵蚀模数为 31.89t/km²·a，土壤侵蚀量仅为建设前的 0.95%。就项目区总体而言，水土流失对生态破坏的影响得到显著改善。

但是，也应看到，低丘缓坡建设开发，改变了项目区的地形地貌和坡度分布。根据我们的计算，建设前项目区大部分区域为极微度侵蚀和微度侵蚀，分别占项目区面积的 64.62% 和 8.34%，侵蚀等级为剧烈的区域在所有侵蚀等级分布中只占项目区面积的 13.09%；建设后项目区 69.89% 的土地为极微度侵蚀，30.11% 为剧烈侵蚀，其中平整范围内的城市用地基本为轻微度侵蚀，而未做土地平整的保留林地、保留园地、保留耕地、其他草地，基本为剧烈侵蚀，土地平整范围边缘的边坡、堆积坡、人工切割坡也为剧烈侵蚀。这些剧烈侵蚀区域若不进行生态防护林和绿化建设，将会加重项目区的水土流失。因此，低丘缓坡山地建设开发必须与生态防护林、边坡绿化建设同步。建设前、后项目区各侵蚀等级统计见表 4 – 4。

二 低丘缓坡土地建设开发前后项目区不同坡度级土壤侵蚀

利用 ARCGIS 地形分析功能，通过建设开发前、后项目区 DEM，将项目区土地坡度按小于 50、50~80、80~150、150~

250、250~350 和大于 350 等六个土地坡度分类等级进行分类。然后叠加图 4-1 和图 4-2 进行空间分析，我们得到如下结果。

项目区建设前极微度和微度侵蚀的区域大部分位于坡度小于 5 度的项目区盆地内，分别占各自侵蚀面积的 57.24% 和 99.38%。重度以上土壤侵蚀区域集中在 8~15 度和 15~25 度的土地上，这种坡度的土地人为破坏土壤的因素更大，人类开发造成的边坡、堆积坡更易破坏表层土。项目区坡度为 25~35 度和大于 35 度的土壤侵蚀面积比例很小，分别为 4.03% 和 0.81%，此坡度区域人为干扰土壤行为较少，土壤多为自然状态。

建设后项目区小于 5 度的土地由原来占项目区面积的 46.38% 变为 57.57%，通过开展建设平整土地导致项目区的平坦地形增多。而坡度在 25~35 度和大于 35 度的土地由原来的 4.03% 和 0.81% 变为 11.38% 和 18.45%，低丘缓坡建设导致项目区极陡峭地形增多。建设后项目区的水土流失受土地覆被现状和侵蚀防治措施因子影响较受地形因子影响显著。在人类干预强、开发强度大的低丘缓坡山地区域，人类自身保持水土意识和具体保持水土措施对水土流失的影响更加重要。

三 低丘缓坡土地建设开发对项目区周围生态环境的影响

项目区低丘缓坡建设开发前、后，对地类图斑、项目区周围地类图斑和项目区范围图进行叠置分析，并进行目视解译。数据源为西山区土地第二次调查数据库中的地类图斑图层、项目区功能分区与规划布局图。我们发现项目区保留植被在项目区建设开发后基本为剧烈侵蚀。项目区的建筑物和交通道路设施建设，导致城市不透水面增多，使项目区西北、西南、东南区域的植被生态景观破碎化。植被斑块数量增多，面积减小，内部生境面积减少，生物廊道被隔绝，生态周长变长，生态边缘增多，导致生态物种多样性减少。项目区建设还导致植物的

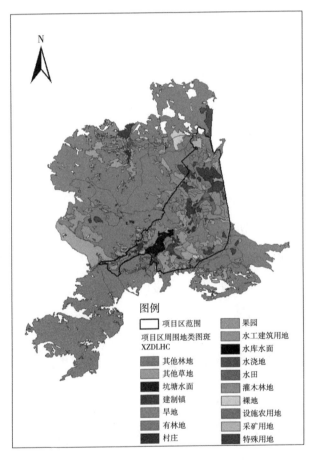

图4-3　建设前项目区及周围土地利用现状

资料来源：昆明市西山区国土资源局。

蓄水能力下降，枯落物分解较以往困难，土壤抗侵蚀性降低。因此，如何充分利用地形，加强低丘缓坡山地建设开发的生态规划，在项目区保留一定数量和斑块面积的自然植被和生态廊道，是低丘缓坡山地建设开发生态可持续性的重要课题，须引起高度重视。建设前项目区及周围土地利用现状如图4-3所示，建设后项目区周围生态影响分析如图4-4所示。

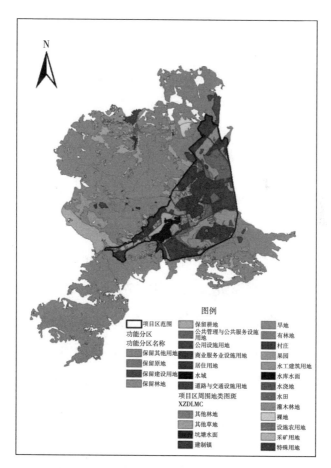

图4-4 建设后项目区周围生态影响分析

四 低丘缓坡土地建设开发对地表径流影响

通过 ARCGIS 的地形分析功能，提取出项目区建设开发前、后的地表径流流向图，并叠加建设后的项目区坡度分级图。我们发现项目区建设导致地表径流流向变化，建成后坡度大于 5 度的区域地表径流主要是沿着道路用地分布以及向道路的两边蔓延。这证明了低丘缓坡建设中道路基础设施建设对当地地形构成了较显著的影响，直接改变了原项目区的道路设施占用区域的地表径流流向，从而对项目区及其周围的水土流失产生影响。

五 建成后项目区保留未建设区域侵蚀情况

叠加项目区范围矢量图和项目区平整范围图，通过擦除（ERASE）分析得到项目区的未做土地平整的保留未建设区域，再和图 4 - 2 做掩膜分析（Exact by Mask）得到项目区保留区域的土壤侵蚀等级，如图 4 - 5 所示，然后将其与建成后项目山脊线图进行叠置分析。我们发现项目区保留未建设区域，坡度在 8 ~ 25 度、山地开发利用潜力较大的山体部分，极微度侵蚀区域与项目区的山脊线高度重合；山谷、河谷等凹形坡的水土流失要比山头、山腰等凸形坡的水土流失现象严重。这证明地形坡度坡长因子对水土流失的影响在坡度为 8 ~ 25 度的区域比在坡度小于 5 度区域要大。

图例
■ 极微度侵蚀
■ 剧烈侵蚀

图 4 - 5 项目区保留区域的土壤侵蚀等级

参考文献

［1］袁克勤:《基于 GIS 岩溶山地小流域土壤侵蚀量计算——以重庆市
南川区木渡河小流域为例》,硕士学位论文,西南大学,2009。

［2］倪九派、袁道先、谢德体等:《基于 GIS 的岩溶槽谷区小流域土壤
侵蚀量估算》,《应用基础与工程科学学报》2010 年第 2 期。

第五章 基于生态敏感性评价的山地城镇建设用地选择与空间用地布局

——以大理市海东区为例

随着我国经济建设的发展，城镇建设用地需求日益增加。但是，我国又是一个多山的国家，山地城镇约占全国城镇总数的一半。山地城镇建设用地规划布局与其独特的自然环境、社会风俗、经济条件、历史文化等密切相关，因此规划山地城镇建设用地相对于平原地区更加复杂，进行山地城镇建设布局不能简单沿用传统的城镇空间布局模式，更需要全面考虑区域的地貌特征、资源条件及自然环境状况，选择适宜的布局模式进行开发建设。良好的城镇空间规划布局模式对节约集约利用土地和在快速城镇化进程中保持区域可持续发展具有十分重要的意义。

第一节　国内外研究进展

城镇用地布局优化由"城镇合理规模"这一思想演化而来，1960 年苏联工程经济学家达维多为奇博士，提出了"城镇合理规模"概念。他从生产布局经济合理性、基础服务设施、城镇建设经费、卫生条件等因素的合理性方面来论证城镇建设合理与否。土地生态敏感度评价源于 20 世纪 60 年代，随着生态环境问题不断加剧，生态环境保护引起了人们的强烈关注，Mumford、Steiner 等学者提出生态敏感度强弱在对土地资源的优化配置中占据主导地位，其主要途径是基于对土地资源的敏感度和可行性进行系统分析，按照"适地适用"的原则将不同的土地利用类型进行优化配置。美国宾夕法尼亚大学麦克哈格教授提出土地敏感性评价对引导人们在特定安全的生态环境下进行开发建设有着很好作用，对土地利用合理布局以及当地可持续发展有很大贡献。20 世纪 70 年代国外学者将生态学原理应用到生态敏感性评价中，通过对多重生态因子进行叠加分析，评价出较优的土地利用方式从而对城镇用地进行优化布局。

我国的生态城市规划研究从 20 世纪 80 年代开始，以黄光宇为代表的山地城镇研究开始发展起来，黄光宇主要对山地城镇中人们的居住环境问题和山地城市学进行了一系列的研究，为后续的山地城镇生态研究奠定了一定基础。刘卫东教授对山地低丘缓坡土地利用进行了适宜性评价，并提出了一些如何更好地利用山地土地资源的建议。随着我国各地区经济的发展，生态问题引起了人们的强烈关注，在生态区划分的基础上，许多学者在学习了西方关于山地城镇建设用地选择与布局方面方法的基础上发现生态敏感度对地区生态稳定有很大影响。曲福田认为土地资源结构变化与自然环境、社会经济有着必然联系，在城镇建设中需要将生态、社会经济一起考虑，不能够只片面地考虑一方面的因素。高华中等通过结合景观学等学科运用各类数学模型对土地利用结构进行了分析。结合以上学者的研究，山地城镇建设用地选择与布局需注重生态，以生态优先原则进行山地开发。

第二节　研究区概况

本书选择大理市海东区作为研究对象，大理市海东区低丘缓坡资源量大，比邻洱海，地理位置优越，生态环境复杂多样，地形起伏较大，作为当地政府山地城镇建设重点发展区域，其低丘缓坡开发较早，已经形成一系列规划布局成果。因此对海东区建设用地进行空间规划布局研究可以为当地进行建设用地布局提供一些参考，对整个云南省低丘缓坡山地建设用地选择与布局方法的研究具有较强的理论意义与实践意义。

大理市位于滇西中部，海东区是大理市洱海东部地区，毗邻洱海，集山地、海景、海岛、湿地于一身，是大理市未来发展的重点区域，也是滇西中心山地城镇建设的核心。海东区区位如图5-1所示。

海东区处于滇东高原和滇西峡谷的交接地带，地形复杂，地貌主要有高原丘陵、盆地等类型，属滇中高原区，山脉呈南北走向，地形总体呈现出西北高，东南低的特点，属于高原亚热带季风气候区，主要气候特征是冬无严寒、夏无酷暑、旱雨季分明，立体气候特征明显。

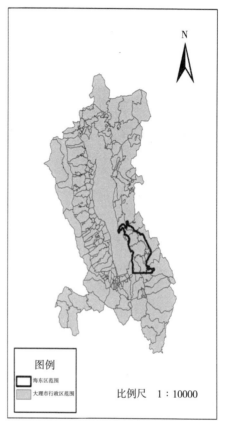

图5-1　海东区区位

资料来源：大理市行政区划图

大理市海东区处于大理市低丘缓坡区域，与大理市其他几块低丘缓坡区相比较，海东区地理环境较好，利于建设的区域连片度较好，区域内无基本农田，林带和耕地为区域内主要农用地类型，且林地中多为商品林，商品林征地费用比其他几种类型土地征收费用小，更加有利于山地城镇建设用地的开发，节约山地开发成本。海东区山地景观多样，与之相邻的旅游资源较为丰富，从而使海东区发展山地城镇优势明显，前景广阔。

第三节 海东区生态敏感性评价

通过对海东区进行实地调研，选取 12 项指标，运用专家打分法和层次分析法得出各项指标权重值，利用 ArcGIS9.3 软件建立海东区生态敏感性评价数据库，在对每一项指标进行分析的基础上加权叠加得到海东区生态敏感性评价图。

一 生态敏感性评价体系建立

通过对海东区进行实地调研，选取了能够清晰反映出海东区生态敏感程度的 12 项评价因子，分别是坡度、高程、坡向、生物丰度指数、水土流失、水网密度、地质灾害、植被覆盖度、交通通达度、断裂带距离、地基承载力、土地利用类型。

生态敏感性评价根据研究区域不同和研究目的的不同，在确定各评价因子权重时也是有区别的。根据评价因子的重要程度来衡量其权重值，常用的确定权重的方法有层次分析法、德尔菲法、熵值法、主成分分析法等，本书采取层次分析法和专家打分法两种方法相结合的方式来确定指标权重见表 5 - 1。

表 5 - 1 指标权重

指 标	指标权重
坡度	0.1
高程	0.1

指　标	指标权重
坡向	0.05
地质灾害	0.1
水土流失	0.125
植被覆盖度	0.125
土地利用类型	0.1
生物丰度指数	0.1
交通通达度	0.025
断裂带距离	0.05
地基承载力	0.025
水网密度	0.1

注：用一致性检验得到 CR = 0.066 < 0.1，通过检验

二　单因子指标与评价

运用 ArcGIS9.3 得到评价单元为 50m × 50m 的海东区评价栅格图，并进行重分类得到海东区坡度评价、高程评价、地质灾害评价、坡向评价、生物丰度评价、植被覆盖度评价、水网密度评价、水土流失评价和土地利用类型评价，如图 5 - 2 至图 5 - 10 所示。通过评价图可以看出坡度越大，海拔越高，敏感度就越高，坡度在 25 度以上或高程在 2325～2440m 的区域属于高敏感区域，不宜进行开发。海东区处于地质灾害中等易发区域内，地质灾害发生率不是最高的，且海东区多数处于南坡，日照条件较好，水土流失情况并不严重，土地类型以耕地和林地为主。

图 5 - 2　海东区坡度评价

图 5 - 3　海东区高程评价

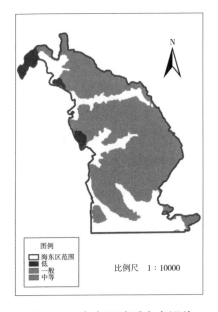

图 5 - 4　海东区地质灾害评价

图 5 - 5　海东区坡向评价

图 5 – 6 海东区生物丰度评价

图 5 – 7 海东区植被覆盖度评价

图 5 – 8 海东区水网密度评价

图 5 – 9 海东区水土流失评价

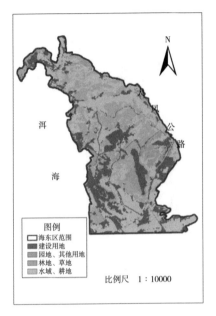

图 5 – 10　海东区土地利用类型评价

地基承载力、交通等因素分析与上面几种类似，在此不一一列举。

三　单因子加权叠加综合评价

对单因子进行加权叠加参照计算模型：

$$P = \sum_{i=1}^{m} (A_i \times W_i) \tag{5.1}$$

其中，P 为生态敏感度评价值，A_i 为单因子评价值，W_i 为单因子权重值。

根据以上公式运用 ArcGIS 进行单因子加权叠加，得到生态敏感度综合分值，将结果进行重分类，分为生态敏感度低、生态敏感度一般、生态敏感度中等、生态敏感度高四个等级。
海东区生态敏感度评价如图 5 – 11 所示。

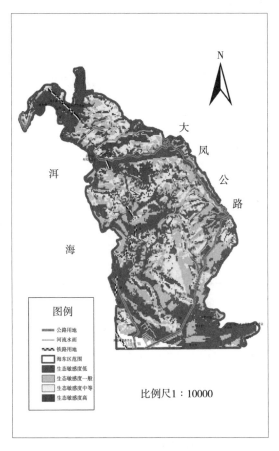

图 5 –11　海东区生态敏感度评价

四　海东生态敏感性评价分析

通过对海东区生态敏感度评价图的分析，结合实地调研了
解到的海东区实际状况以及参考大量文献，将海东区生态敏感

度低的区域和生态敏感度一般的区域设为宜开发区域，将生态
敏感度中等的区域设为限制建设区域，将生态敏感度高的区域
设为禁止建设区域。海东区生态敏感度适建性评价结果见
表5-2。

表5-2　海东区生态敏感度适建性评价结果

单位：平方公里

范　　围	面积
宜建区	45
限制建设区	20
禁止建设区	7

第四节　山地城镇土地利用结构优化配置

现有的针对山地城镇建设用地的布局与选择只是从定性的
角度提出了土地资源可持续利用的一些措施，缺乏应用数学模
型进行的定量分析，说服力不够强。本书以2011年海东区土
地利用变更数据和生态敏感性评价为基础，在生态优先原则下
运用线性规划数学模型从经济效益方面对海东区土地利用结构
进行优化，得到海东区2020年土地利用优化结果，目的在于
得到海东区建设用地的控制规模量，为海东区城镇建设用地选
择与布局提供参考。

一 模型构建

（一）模型决策变量设置

决策变量以海东区 2011 年土地利用变更数据为基础，结合前文生态敏感性评价结果以及《大理市土地利用总体规划 2010 - 2020》《大理市低丘缓坡土地综合开发利用专项规划 2012 - 2016》《中华人民共和国国家标准：土地利用现状分类 GB/T21010 - 2007》中所规定的土地利用用途管制、土地利用类型划分和未来海东区发展定位，并到当地进行实地调研，在生态优先原则下通过以上资料调查和实地调研情况汇总设置了如下七个模型决策变量：X_1，耕地；X_2，园地；X_3，林地；X_4，草地；X_5，水域；X_6，建设用地；X_7，其他用地。

（二）约束条件建立

模型约束条件是结合了与海东区土地利用结构密切相关的因素以及当地生态环境因素进行设定的，设定了以下约束条件。海东区土地利用优化的约束条件见表 5 - 3。

表 5 - 3 海东区土地利用优化的约束条件

约束条件	表达式
土地总面积（S）	$S = X_1 + X_2 + X_3 + X_4 + X_5 + X_6 + X_7 = 72082326\,\mathrm{m}^2$
耕地保有量（X_1）	$X_1 \geqslant 21785714\,\mathrm{m}^2$
园地面积（X_2）	$X_2 \geqslant 22793004\,\mathrm{m}^2$

约束条件	表达式
林地面积（X_3）	$X_3 \geqslant 7665244$ m²
草地面积（X_4）	$X_4 \leqslant 6497061$ m²
水域面积（X_5）	$X_5 \geqslant 1186893$ m²
建设用地面积（X_6）	$X_6 \leqslant 26010000$ m²
其他用地面积（X_7）	$X_7 \leqslant 1682859$ m²

注：1. 土地总面积为2011年海东区土地利用变更数据中各类土地类型面积之和；2. X_1、X_2、X_3、X_4、X_5、X_6及X_7均依据《大理市土地利用总体规划2010－2020》、海东区生态敏感性评价、大理市城市利用总体规划及各项有关规定得出。

（三）效益系数的确定

通过对大理市2011年统计年鉴以及大理市土地利用总体规划等经济资料进行统计得到大理市各类土地经济效益，通过专家打分法和线性优化的方法确定各类土地用地效益的权重，根据所得的权重值，结合不同用地的效益，预测分析2020年单位面积上各类型土地产出效益得到其价值向量。2020年各类用地经济效益见表5－4。

表5－4　2020年各类用地经济效益

X_1耕地	X_2：园地	X_3：林地	X_4：草地	X_5：水域	X_6：建设用地	X_7：其他用地
34.6	31.5	12.3	26.7	14.78	75.2	9.3

（四）目标函数确立

根据海东区实际情况，本书以经济效益作为目标函数。表达式：

$$MAXf\ (x)\ =\sum_{j=1}^{7}C_jX_i$$

$$MAXf\ (x)\ =34.6X_1+31.5X_2+12.3X_3+26.7X_4+14.78X_5+75.2X_6+9.3X_7$$

$$(5.2)$$

二　模型求解

模型的计算，选用的是 DPS 数据处理系统进行数据处理，首先在 DPS 数据处理的数据块活动单元格内将七个变量因子输入进去，然后将目标函数和约束条件定义成线性规划公式块，在 DPS 公式块中输入定义好的公式，最后在菜单方式下点击求解，就可以得到结果。通过灰色线性模型对各因子约束值进行修正得到最终优化方案。海东区土地利用结构优化方案见表5－5。

表5－5　海东区土地利用结构优化方案

单位：m^2,%

土地类型	面积（2011 年）	比重	面积（2020 年）	比重	增减
耕　　　地	26097114	36	23699783	33	－2397331
园　　　地	3905369	5	3561169	5	－344200
林　　　地	13687935	19	10523402	15	－3164533
草　　　地	6497061	9	5929271	8	－567790
水　　　域	1186893	2	1186895	2	＋2
建设用地	19025095	26	25777493	36	＋6752398
其他用地	1682859	2	1404313	2	－278546

三　土地利用结构优化配置结论分析

从海东区土地利用优化结果可以看出海东区各土地利用类型结构都有所调整，其中林地、耕地、建设用地调整幅度较大，原因有以下几个方面。

（1）林地被占用面积较多，是因为在海东区林地中大约一半以上的是其他林地，适宜用作建设开发用地，在进行征转时征地费用较少，所以海东区建设用地征用林地较多。

（2）耕地被占用面积较多是因为海东区行政村较多，在建设用地开发中需要连片土地进行开发，所以要征用一部分耕地进行连片开发。

（3）园地、草地、其他用地三种土地利用类型比较分散，连块程度不高，所以被占用的比例不是最高的。

（4）海东区西边靠临洱海，为了对洱海生态环境进行保护，水域面积不能够减少太多，所以优化中水域面积有稍微增长。

通过以上分析可得到海东区适宜城镇建设用地开发的面积约为25平方公里，与大理市土地利用总体规划相符合，此区域可以作为海东区建设用地开发区域。

第五节　海东区城镇用地布局方案

一　海东宜建区选择

依据海东区生态敏感性评价结果，得到评价单元为

50m×50m 的海东区生态敏感性评价栅格图，通过海东区生态敏感度评价图属性表可以统计出海东区生态敏感度较好的宜建设区域面积约为 45 平方公里。与原有规划中海东区宜建设范围面积做对比可以看到现有评价区域比原有评价区域少了约 6 平方公里。这是由于前面做的生态敏感性评价是以生态优先原则进行评价的。通过与遥感影像图对比，发现少了的区域多以林地和耕地为主。在宜开发区域不是全部区域都可以进行开发，要根据当地土地利用现状与规划是否衔接以及当地政府政策导向来进行易开发建设区域的选择。

在保证与当地规划和政策相衔接的前提下，经过经济效益及地理位置分析，海东区可选择范围有三处，分别是靠近双廊的北边区域、中间大片连接区域、南边区域。但由于南边区域耕地较多，要将其转做建设用地会产生很多征地补偿费，增加建设用地开发成本，且不利于生态环境保护。因此要去除此块区域，易建区域将在北边和中间连片区域进行选择。依据以上分析运用 ArcGIS 软件勾画出两块面积约为 25 平方公里的宜进行建设用地开发的区块作为海东区建设用地范围，如图 5 - 12 所示。

二　新规划出的可建设区域范围与原有区域对比分析

通过运用 ArcGIS 软件将新规划出的可建设区域面积与原有规划所设定两个项目区面积进行对比分析发现两块规划区域地理位置基本吻合，大理市低丘缓坡专项规划中所设的塔宝山区块和上登下和区块土地利用面积约为 26 平方公里，与

图 5 – 12 建设用地范围

新规划出的两个可以建设的项目区范围相差 1 平方公里。通过对新旧两个图层进行叠加，利用遥感影像进行判图可发现相差区域多为耕地，原有规划方案占用耕地较多，开发成本将会比新方案多。新的规划方案可以节约建设用地成本，但是两个规划方案中其他林地面积都减少了，这样会降低区域内植被覆盖率，对当地的生态环境有一定影响。为了使其植被覆盖率降低程度有所下降，本书对该块区域进行了细化布局分析。

三　海东区宜建设区块细化布局分析

为了使海东区植被覆盖率降低程度有所下降且建设用地可以被更有效地利用，根据大理市低丘缓坡土地综合开发利用专项规划中对海东区两个建设用地区块的功能定位，将宜建设用地开发区域分为几个小区块，进行用地细化布局。根据实际情况从宜建设区域中分出 5 个区块较好区域，总面积大约有 10 平方公里，区块一至区块五布局如图 5 – 13 至图 5 – 17 所示。

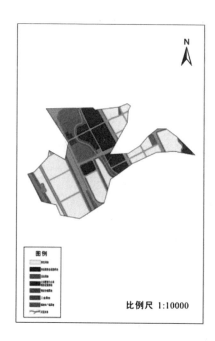

图 5 – 13　区块一布局

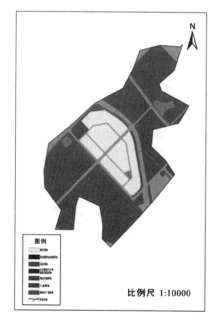

图 5 – 14　区块二布局

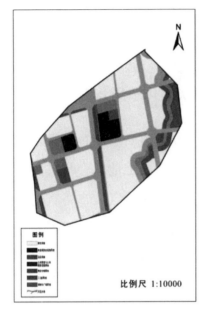

图 5 – 15 区块三布局

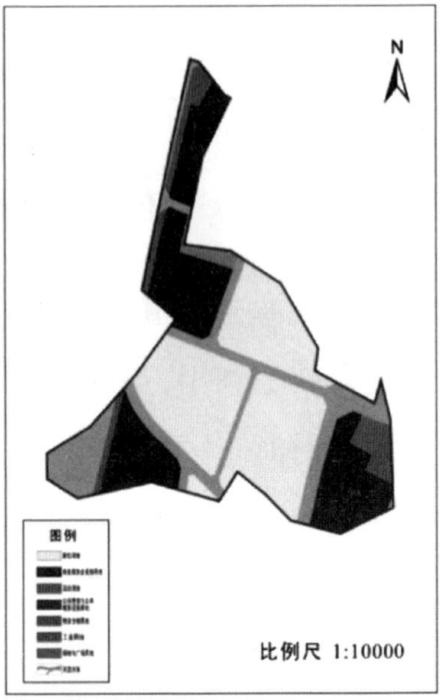

图 5 – 16 区块四布局

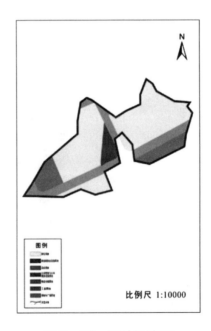

图 5 – 17 区块五布局

（一）区块一

区块一位于海东区中心区域，《大理市城市总体规划》对此区域的定位是城镇中心区。这块区域建设用地连片程度好，零星的有一些其他林地以及耕地、园地。依据海东区生态敏感性评价中坡度因子的分析，此块区域坡度在8~25度，坡向以南坡为主，高程处于1980~2095m，较适宜进行建设用地开发。经过以上分析可知，区块一中布局了公共用地、商业用地、居住用地、混合型用地以及绿地和广场用地。在中心区域布置了居住用地和商业用地，这可以增加商业区人口流动从而使商业区更加繁荣。居住用地、公共用地、商业用地之间用绿地和广场用地进行隔离，可以减少居住区噪声，保护中心区域生态环境。区域内设置了物流用地且物流用地靠近大丽铁路，便于中心区域物资运转。在靠近大凤公路区域设置了商业区以便区块二、区块五人员进行购物；在此区块设置了公共管理和行政办公用地可以方便商业区商户办理各类商业执照，使政府部门可以更好地对此区域进行管理，以此提高此区域的商业繁荣度，有利于此区域经济发展。

（二）区块二

依据《城市用地分类与规划建设用地标准GB50137-2011》并结合区块区域功能定位，在区块二中布局了工业用地、物流用地、居住用地以及绿地。这样布局的原因有以下几点。

一是通过生态敏感性评价中坡度因子的分析可以看到区块二坡度在缓坡区域，地势相对平坦，易于工业所需连片厂房用地建设，相对其他区块而言节约了一定的建设成本。

二是区块二靠近大凤公路，大凤公路连接区块一和区块五，北边与大丽铁路相交，南边与大理机场相交，便于工业产品物流运输，节约了交通成本。

三是区块三与区块五以居住用地为主，可以向工业区输送大量劳动力，满足工业区的劳动力需求。区块二中心设有一定量的居住用地和办公用地，这是为了满足工业园内员工的居住需求以及办公需求；在工业区周围设置物流仓储用地，便于工业产品的存放；在居住区域与工业区域之间设置了隔离带和绿化用地，以便居住区环境不受影响。

四是洱海作为大理市的饮用水源地，并且是多条水系的吐纳中心，需要对其加强保护，此块区块远离洱海可以保护洱海免遭水污染，保护了区域内生态环境。

五是在工业用地周围布局了小水塘储存天然降水进行工业用水的供给，这既可以节约水资源，同时也对整个工业区域的生态环境起到了净化作用，促进了区域生态环境的保护。

（三）区块三

区块三靠近大丽铁路、区块一、区块二、区块四，区域内有河流流经，坡向以南坡为主，为保护河流不被污染，区域内不宜布局工业用地，所以此块区域布局了居住用地、商业用地、公共管理与公共设施用地、绿地和广场用地，以及混合用地。在靠近大丽铁路区域首先布局了一个隔离带隔离噪声污染，由于此处交通便捷且靠近区块一和区块二，可以向这两个区块输入劳动力，辅助这两个区块的发展，所以布局的居住用地较多，相应地配套布局了公共设施用地和广场绿地。此区域占用了一些其他林地的区域，将其布局为绿地以及广场用地，为了保护河流不受到污染，河流两边布局了绿化带以保护区域内的生态环境。

（四）区块四

区块四靠近大丽铁路和洱海，有一定高差，交通条件和景观条件较好，此区域距离旅游区银梭岛较近，旅游资源丰富，由于靠近洱海，此块区域不适宜布局工业用地。依据以上分析此块区域布局了居住用地、商业用地、公共管理与公共设施用地、绿地和广场用地。靠近洱海的区域布局了隔离带保护洱海不受污染，还布局了商业用地，这是由于此块区域有一定量的旅游资源，布局商业用地可以为当地带来一定的经济效益。最后布局了居住用地、公共管理与公共设施用地、绿地和广场用地，这些都是围绕商业区和旅游资源布局的配套设施。

（五）区块五

区块五在《大理市城市总体规划》中功能定位以旅游、居住、办公为主，此区域紧邻洱海、金梭岛、双廊，旅游资源十分丰富，但由于此区域较小，所以在此布局了居住用地、公共管理与公共设施用地、绿地和广场用地。布局公共管理用地是由于此块区域旅游资源丰富，为便于管理因此布局了公共管理用地，又因为紧邻着较多旅游景区且山地景观较好，布局居住用地可以为当地带来更多的经济效益。

通过五个区块细化布局可以看到几块区域之间互相联系，五块区域以大凤公路、大理铁路、洱海三条线路为主线，依次分布在三条线路的邻近区域。在细化布局中将区块一布局为山地城镇建设中心城区，区块二布局为山地城镇工业园区，区块三、区块四、区块五布局为山地城镇辅助区域，各块区域以中心区域为主呈现组团式布局的模式。区块三、区块五通过两大主轴路线大凤公路、大理铁路，向区块二和中心区输入了劳动力；区块二又向其他区块输入了所需品且其产品和原料可以通过大理机场、大丽铁路、大凤公路进行快速流通；区块一面积较小，作为城镇中心区发展有限，但与区块三较为临近且区块三布局较为完善，所以在布局中区块三承担了一部分中心城区的功能，从而使得海东区城镇中心区各项配套设施更加完善。五个区块相辅相成，为海东区山地城镇可持续发展奠定了一定基础。

四 海东区布局结果分析

通过布局图可以看到海东区绿地和居住用地的布局较多，这主要有以下几个方面的原因。

一是山地开发中由于坡度、地质条件的影响，可开发面积不大，居住用地相较于其他类型用地其收益较高，为了收支平衡，多数低丘缓坡山地城镇建设用地布局的是居住用地。

二是从生态保护层面看，居住用地可以更加灵活布局，可以依靠山体自然走势进行布局，对整个山体环境影响较小。

三是从景观生态学层面上看，山地居住用地可采用台阶式布局、交叉式布局等布局方式达到高效地利用土地并可以产生山地独特的景观格局。

四是从当地经济社会发展来看，大理市是一个旅游城市，海东区处于大理洱海边上，有双廊、洱海、金梭岛等旅游资源，且区域内设有一级公路大凤公路、大丽铁路、大理飞机场等公共交通设施，其又是大理市以后经济发展的中心，所以此地人员流通量将会很大，从而居住用地需求也比较大。

通过以上布局分析可以为海东区在今后用地布局选择和规划上提供一定参考。

第六节　研究结论与展望

　　本书通过查阅大量与山地城镇相关的文献，比较国内外关于山地城镇的研究现状，结合现有低丘缓坡山地城镇上山中出现的问题，选择了海东区作为研究区域。在对海东区进行实地调研、相关规程研读以及对该区域土地利用现状进行分析的基础上，本书选择了十二项与当地生态环境密切相关的指标进行了生态敏感性评价，并将评价结果为敏感度低和敏感度一般的区域作为宜建设区域。以海东区2011年土地利用变更数据为基础运用线性规划模型对海东区土地利用结构进行布局优化，预测海东区2020年土地利用结构。依据以上结果对海东区宜建设区域进行选择，在宜建设区域内选择五个区块进行山地城镇用地细化布局。本书通过以上研究得到如下结果。

　　1. 本书通过对海东区生态环境的调查，选择了高程、坡度、坡向、水网密度、植被覆盖度、生物丰度指数、地质灾害、水土流失、交通通达度、地基承载力、断裂带距离、土地利用类型十二项与当地生态环境密切相关的指标因子。通过运用ArcGIS技术对各项单因子指标进行分析和评价，然后将各项单因子指标进行叠加得到海东区生态敏感度评价图，将其中生态敏感度低的和生态敏感度一般的作为宜建设区域，通过计算得到海东区宜建设区域面积约为45平方公里。

2. 依据 2011 年海东区土地利用变更数据，运用灰色线性规划模型进行土地利用结构优化，预测 2020 年海东区土地利用情况，其中耕地、林地、园地、草地、其他用地都相应地有所减少，水域和建设用地有所增加，建设用地面积 2020 年约为 25 平方公里。《大理市土地利用总体规划 2010 – 2020》中规定海东区建设用地规模应控制在 26 平方公里左右，预测结果与实际相符。

3. 以海东区生态敏感度评价结果、土地利用结构优化结果以及地理位置对海东区进行建设用地选择和布局分析，从宜建区中选择宜进行山地城镇建设用地开发的区域，在此基础上选出 5 块较佳的建设用地进行了居住用地、公共管理与公共设施用地、绿地和广场用地、商业用地、物流仓储用地、混合型用地的布局，通过布局发现海东区山地城镇建设用地开发中居住用地占比较高。

参考文献

[1] 胡婷：《山地城镇河流地带适应性规划研究》，硕士学位论文，重庆大学，2009。

[2] 项志远：《多山地区城镇空间布局模式探析——"轴群式"在泰顺县域总体规划中的运用》，载中国城市规划学会编著《生态文明视角下的城乡规划——2008 年中国城市规划年会论文集》，大连出版社，2008。

[3]〔德〕J. H. V. Thunen：《孤立国同农业和国民经济的关系》，吴衡康译，商务印书馆，1986。

[4] Thorsten Steiner, Ralf Weber, Derk Krieger, "Increased intracerebral pressure following stroke," *Current Treatment Options in Neurology*, 2001, 3 (5)：441 – 450.

[5] N. Prasad et al., "Cy-togenetic studies of dolphin（Tursiopstruncatus）by an extended tissue culture technique," *Experientia*, 1970, 26 (10)：1167 – 1168.

[6] H. L. Kramer, J. W. Steiner, P. J. Vallely, "Trace element concentrations in the liver, kidney, and muscle of Queensland cattle," *Bulletinof Environmental Contamination and Toxicology*, 1983, 30 (5)：588 – 94.

[7] Bruce Vondracek, et al., "Land use, spatial scale, and stream systems：lessons from an agricultural region," *Environmental Management*, 2005, 36 (6)：775 – 91.

[8] 黄光宇、陈勇：《生态城市理论与规划设计方法》，科学出版社，2002。

[9] 刘卫东、严伟：《经济发达地区低丘缓坡土地资源合理开发利用——以浙江省永康市为例》，《国土资源科技管理》2007 年第 3 期。

[10] 曲福田等：《经济发展和土地可持续利用》，人民出版社，2001。

[11] 高华中：《临沂市土地利用结构变化及驱动机制研究》，《农业与技术》2001 年第 6 期。

[12]《大理市低丘缓坡土地综合开发利用专项规划 2012 – 2016》。

[13]《大理市塔宝山 – 大湖西项目区低丘缓坡土地综合开发利用试点

项目实施方案》。

［14］ 王玉学：《基于景观生态理论的土地整治分区研究——以湖北省
　　　 云梦县为例》，硕士学位论文，华中师范大学，2012。

［15］ 林涓涓、潘文斌：《基于 GIS 的流域生态敏感性评价及其区划方
　　　 法研究》，《安全与环境工程》2005 年第 2 期。

［16］ 唐启义：《DPS 数据处理系统》，科学出版社，2010。

第六章　低丘缓坡山地建设开发景观生态规划

——以云南省富民县哨箐区块为例

　　土地是人类赖以生存的物质基础，具有生产和生态多种功能。从生态适宜性角度考虑，建设开发不宜在山地。但是，云南是一个多山的省份，山地面积占全省土地面积的94%，平坝仅占6%。随着云南社会经济高速发展，建设占用坝区优质耕地面积越来越大，对云南粮食安全构成威胁。在此背景下，云南省委省政府提出转变土地利用方式，将城镇（或城镇组团）和工业园区尽量布局在基础设施条件较好的低丘缓坡山地，以保护坝区优质耕地。然而，山地生态脆弱，需要在生态安全和做好生态规划的前提下，布局城镇和工业项目。如何开展低丘缓坡山地建设开发的生态规划，是土地规划的新课题。本书以云南省富民县哨箐低丘缓坡建设开发项目区为例，根据景观生态学理论，做了有益的探索。事实上，我国是多山之国，尤其南方省份也面临与云南省类似的困境。因此，本书研究对全国低丘缓坡山地建设开发景观生态规划理论研究也有积极意义。

第一节　研究区概况

云南省富民县哨箐村工业项目区包括哨箐区块、龙洞区块、得乐区块 3 个区块，各个区块规划的原理、内容和步骤基本一致，本书只选取哨箐区块为例进行低丘缓坡山地建设开发景观生态规划研究。哨箐区块所在的哨箐面山是一个完整的地貌单元，有着相对完整的生态系统，本书研究选取哨箐区块作为研究对象的同时选取哨箐面山作为其载体和支撑，使得研究区域更加完整，研究结果更加严谨。

富民县哨箐区块所在哨箐面山总面积为 246.06 公顷，位于东经 102°27′至 102°28′，北纬 25°15′至 25°16′，东至螳螂川，南至兴贡村，西至昆禄公路，北至河东村。根据全国第二次土地调查 2009 年统一时点数据统计，哨箐区块总面积为 75.85 公顷，其中，农用地 64.41 公顷，占 84.92%；建设用地 10.79 公顷，占 14.23%；其他土地 0.64 公顷，占 0.84%。哨箐面山总面积为 246.06 公顷，其中，农用地 211.74 公顷，占 86.05%；建设用地 23.15 公顷，占 9.41%；其他土地 11.17 公顷，占 4.54%。

研究区距富民县城约 3 千米，靠近干线公路，交通便利。研究区属构造侵蚀地貌类型区，地形起伏变化较大；区内常年多西南风，尤以 12 月中旬至次年 4 月下旬为最；区内植被以松栎混交林、人工桉树、杂生乔木及经济林为主，年均收益低。

第二节　研究方法

本书研究在查阅大量文献资料和实地踏勘调查的基础上，首先进行景观生态适宜性评价，从生态适宜性角度划分出禁止建设区、适宜建设区、基本适宜建设区、不适宜建设区等类型，并在此基础上依据景观生态学原理规划出各类生态用地区和生态廊道，从生态安全和生态可持续性角度控制低丘缓坡山地建设开发地块的面积、分布、强度，确保低丘缓坡山地建设开发的生态可持续性。

第三节　生态适宜性评价

一　生态适宜性评价因子选择

影响低丘缓坡山地景观分异和变化的两个基本要素是地形和地表覆盖类型，它们直接控制着山地土壤发育、水文状况分异、水土流失的发生发展，而且还决定着土地利用的空间分布。为较好地进行山地建设开发景观生态规划，本书研究综合考虑山地建设开发的生态适宜性和敏感性，在遵循以上指标选择原则的基础上结合研究区的地理区位、自然环境、人文条件等实际特点，结合经济发展、人类需求以及数据收集可得性，选取对哨箐区块和哨箐面山生态适宜性有显著影响作用且能够定量化的评价因子指标，见表 6-1。

表 6-1　评价因子指标

序号	评价指标	指标解释
1	高程	高程是山地建设开发必须考虑的因素之一，在一定程度上影响着山地建设开发的方式和方向；高程是地形地貌中最直观的表现形式，不同的高程上土地利用类型和方式是不同的，直接影响着山地生态系统的稳定性和生态适宜性
2	坡度	坡度陡缓直接影响土壤侵蚀和山地资源的利用，从而影响到山地生态系统稳定性和生态适宜性，是直接影响区域生态环境的主要因素之一。坡度较大的区域稳定性较差、极易造成各种地质灾害，因而其生态适宜性较差；且坡度较大的区域对工程技术的要求也高，随着坡度的加大，施工的难度和建设投资额度都会随之提高
3	坡向	坡向反映了斜坡所面对的方向。坡向在植被分析、环境评价等领域有重要的意义，对山地生态有着较大的作用。不同的坡向上太阳辐射和日照长短以及其温度变化是不同的，直接影响植被的生长和分布。且分布的建筑类型、功能区的布置是不同的，需要采取的工程措施也不同。因此坡向对生态适宜性评价是十分重要的指标之一
4	土地利用类型	土地利用类型集中反映了人类活动对生态环境的干扰程度，是具有特定的时间和空间属性的，不同的土地利用类型对生态环境的影响不同，大致对生态环境有利的顺序为水域 > 林地 > 草地 > 水田 > 旱地 > 未利用地 > 交通工矿用地
5	水土流失	表示土壤在水的冲击下，结构破碎和松散，随水流动而散失的情况。水力侵蚀对区域生态环境影响极大，侵蚀程度越大，环境质量越差。相应的区域的生态环境质量越差，其生态适宜性越差

序号	评价指标	指标解释
6	植被指数（NDVI）	植被是抑制侵蚀发生、发展的主要自然因素，植被覆盖率是指示山地水土流失因素中最为活跃的因素。植被覆盖率高的地方不易发生水土流失；反之，则可能水土流失严重。获取研究区域地表植被覆盖状态，对于揭示地表植被变化及植被动态变化趋势，分析、评价区域生态环境具有重要的现实意义
7	地质灾害	地质灾害是破坏建筑的主要自然力，在地质灾害多发区建设建筑物，不仅对建筑物的防灾标准要求高、建设费用大，而且建设风险也比较大。不良地质灾害强烈发育区和动力地质作用强烈区对城市建设将产生重大影响。在进行建设开发中，通常对于小型地质灾害点且能够进行改良的地区进行修复改良后再进行利用，而对于无法进行修复改良或者没有必要进行改良的地区，则通常避开或者进行林地、草地等生态功能的恢复建设

低丘缓坡山地建设开发，需要重点考虑避让基本农田、生态林地和地质灾害危险区。低丘缓坡山地建设开发绝不能占用基本农田、生态公益林，不能布局在具有高度危险性的地质灾害多发区。上述三类区域为低丘缓坡山地建设开发的禁止建设区。

本书研究的水土流失因子按照《土壤侵蚀分类标准》（SL190-2007）进行适宜性分级。研究区属西南土石山区，属土壤侵蚀二级类型区，土壤侵蚀模数允许值为 $500t/km^2 \cdot a$，属轻度侵蚀区。根据云南省水土流失数据，提取出研究区的水土流失图，结合实际情况，研究区共有两种水力侵蚀类型：微度水力侵蚀和轻度水力侵蚀。根据研究的需要，在重分类的过程中，将微度水力侵蚀的赋予 4 分，即其生态适宜性程度为适宜；将轻度水力侵蚀的赋予 3 分，其生态适宜程度为基本适宜。

本书研究的 NDVI 因子指归一化植被指数，其用于检测植被生长状态、植被覆盖度和消除部分辐射误差等。其取值范围在 -1~1，负值表示地面覆盖的水、雪等，对可见光反射程度高；0 表示有岩石或者裸土；正值表示有植被覆盖，值的大小随植被覆盖度的增大而增大，通常情况下研究区的 NDVI 有一定的中间阈值。中间阈值以上的为绿色植被覆盖，中间阈值以下的为非绿色植被覆盖。结合富民县哨箐村遥感影像、ArcGIS9.3 和 ENVI4.8 软件求得研究区 NDVI 值。在 ArcGIS9.3 中应用 extract by mask 工具切出哨箐区块和哨箐面山的遥感影像，并经过几何校正、辐射校正等处理。然后将校正后的遥感影像导入 ENVI4.8 软件中，对不同的波段（波段 3 和波段 4）进行处理，得到研究区 NDVI 值为 0.03~0.57，NDVI 值越高，表明区域的植被覆盖度越高，其生态功能性越好，越应该进行保护，其对资源开发的限制越多，越不适宜建设开发；相反，植被覆盖度低的地方表明其对区域的生态功能性越差，对资源开发的限制越少，资源开发适宜性越强。结合实地 GPS 打点、实验室作图发现 0.31 是本书研究区的中间阈值，0.31 以上表示有绿色植被覆盖，0.31 以下表示非植被覆盖。因此，在 NDVI 值重分类过程中，本书将其分为 5 段，分别为 0.03~0.16、

0.16～0.23、0.23～0.31、0.31～0.39 和 0.39～0.57，对应的建设开发生态适宜性程度为：最适宜、适宜、基本适宜、不适宜和最不适宜。

本书研究的地质灾害因子指在自然或者人为因素的作用下形成的，对人类生命财产、环境造成破坏的地质作用现象，如滑坡、泥石流、地震火山等。其按危害程度和规模大小分为特大型、大型、中型、小型地质灾害四类，灾害等级越大，造成的经济损失、自然破坏力越大。国土资源部《地质灾害防治条例》和《地质灾害防治管理办法》规定，在地质灾害点地区进行工程建设应当对其地质灾害危险性进行评估，在较易发生地质灾害的地方采取有效的防护措施或者进行避让。结合研究区的实际情况，其地质灾害为小型滑坡和小型冲沟，对自然的破坏力处于最小的一级，实地调查发现研究区中地质灾害点 25 米范围内是生态环境非常脆弱的地区，极易引发地质灾害，是不能进行建设开发需要通过植树造林等方式恢复生态功能的区域；灾害点 25～50 米范围内仍然存在一定的地质灾害隐患，实际开发中仍然不能进行工业建设开发；灾害点 50～100 米范围内基本不存在危险，采取相应的措施进行改造后能够进行建设开发，但开发强度不适宜太大。因此本书将研究区分为 4 级，＜25m、25～50m、50～100m、＞100m，分别对应禁止建设区、不适宜区、基本适宜区和最适宜区。

结合研究区的实际情况，特殊的因子包括基本农田保护区和地质灾害点（包括小型冲沟和小型滑坡）。其中基本农田直接被划为禁止建设区，不参与评价。地质灾害点在一定范围内禁止建设不参与评价，其余区域参与生态适宜性评价。通过实地 GPS 打点、测量并结合已有文献对小型地质灾害的破坏性的描述，本书将地质灾害点缓冲区 25 米的区域划为禁止建设区，不参与评价，即地质灾害点 25 米范围内不能进行建设开发。

其他生态因子的选择过程遵循因子的可计量性、主导性和代表性原则，选取对山地开发具有重要影响作用的高程、坡度、坡向、土地利用类型、地质灾害、水土流失、NDVI 共 7 个生态因子作为评价指标。

为了较好地反映区域土地生态环境变化的特点及适宜程度，根据各因子对土地生态适宜性的影响程度，本书利用德尔菲法，采用定量与定性相结合的方法，对评价单因子进行量化和分级，以便进行各个因子的综合运算和叠加。在实地调查综合对比的基础上，将单因子生态适宜性分为 5 个等级，即最适宜、适宜、基本适宜、不适宜和最不适宜，用 5、4、3、2、1 分表明规划区建设的适宜程度，用 0 表示禁止建设区。分值越高则该土地生态适宜度越高，对生态建设开发的限制性因素越少，即山地建设开发适宜性越强，越适宜进行建设开发。

二　指标权重的确定

在土地生态适宜性评价过程中，因为评价目的和评价目标的不同，对各评价因子的重视程度也不同，这种重视程度体现在评价指标体系中各评价因子所对应的权重上面。为使本书指标权重的确定避免过于主观性、不确定性，且既能够反映哨箐区块的特征又能够体现研究者的主观信息以及政府政策性的倾向问题，本书采用德尔菲法和成对明智比较法相结合的方法来确定指标权重。其主要步骤为：（1）对待评价的 n 个变量构造比较矩阵，分别进行成对比较；（2）对每一组变量进行纵向权重标准化；（3）进行横向权重标准化；（4）对第二步的结果横向求和除以变量个数得到权重。通过以上权重确定方法的使用，本书得到相对客观的权重，各因子的适宜度等级和权重分配见表 6 – 2。用一致性检验得到 CR = 0.06 < 0.1，所得权重是客观的。

表 6 – 2　各因子的适宜度等级和权重分配

评价指标	评价标准	分值	适宜性程度	权重
高程	1700 ~ 1736m	5	最适宜	0.06
	1736 ~ 1772m	4	适宜	
	1772 ~ 1808m	3	基本适宜	
	1808 ~ 1844m	2	不适宜	
	1844 ~ 1880m	1	最不适宜	
坡度	0 ~ 8 度	5	最适宜	0.22
	8 ~ 15 度	4	适宜	
	15 ~ 25 度	3	基本适宜	
	25 ~ 35 度	2	不适宜	
	大于 35 度	1	最不适宜	

续表

评价指标	评价标准	分值	适宜性程度	权重
坡向	-1度	5	最适宜	0.08
	135~225度	4	适宜	
	90~135度、225~270度	3	基本适宜	
	45~90度、270~315度	2	不适宜	
	0~45度、315~360度	1	最不适宜	
土地利用类型	其他土地利用类型	5	最适宜	0.20
	园地	3	基本适宜	
	林地	2	不适宜	
	水域、其他耕地	1	最不适宜	
	基本农田	0	禁止建设	
水土流失	微度侵蚀	4	适宜	0.14
	轻度侵蚀	3	基本适宜	
NDVI	0.03~0.16	5	最适宜	0.12
	0.16~0.23	4	适宜	
	0.23~0.31	3	基本适宜	
	0.31~0.39	2	不适宜	
	0.39~0.57	1	最不适宜	
地质灾害	其他地区	5	最适宜	0.18
	灾害点缓冲100m	3	基本适宜	
	灾害点缓冲50m	2	不适宜	
	灾害点缓冲25m	0	禁止建设	

三　生态适宜性评价结果

本书在单因子生态适宜性评价基础上，采用多因子加权叠加法对研究区进行生态适宜性综合评价，叠加采用的是GIS栅格图层叠加技术，叠加计算模型：

$$S = \sum_{i=1}^{n} W_i X_i \qquad (6.1)$$

式中，S 为生态适宜性等级分数值，X_i 为变量值即单因子的评分值，W_i 为单因子的权重值。

整个过程是在 ArcGIS9.3 的平台下，借助 GIS 的空间分析功能，首先对单因子进行评价，然后对单因子生态适宜性评价指标进行叠加分析。整个研究区综合评价分值在 1.92 ~ 4.86，研究区生态适宜性均介于不适宜和最适宜之间。在整个评价分值体系中，分值越高，其生态适宜性程度越高，越适合进行山地开发。哨箐面山综合评价分值、综合评价分区分别如图6 - 1与图 6 - 3 所示，哨箐区块综合评份分值、综合评价分区如图6 - 2 与图 6 - 4 所示。

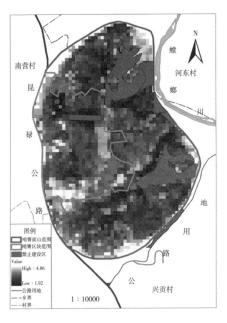

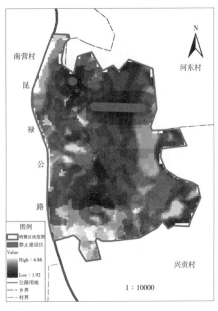

图 6 - 1　哨箐面山综合评价分值　　图 6 - 2　哨箐区块综合评价分值

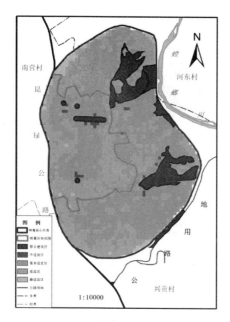

图6-3　哨箐面山综合评价分区　　　图6-4　哨箐区块综合评价分区

四　生态适宜性分区结果

通过研究区综合评价适宜性分区图可以看出，整个研究区中不适宜区和最适宜区的面积较小，占整个研究区的面积不足10%，基本适宜区和适宜区占到了总面积的90%以上。结合实地调查情况和山地开发研究的需要，本书对研究区综合评价适宜性分区情况进行重分类，将适宜区和最适宜区合为一类，整个研究区被重分类为：适宜区、不适宜区和基本适宜区。哨箐面山适宜性重分类、哨箐区块适宜性重分类分别如图6-5与图6-6所示。

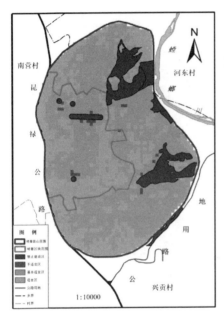

图6-5 哨箐面山适宜性重分类

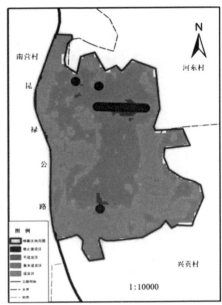

图6-6 哨箐区块适宜性重分类

（一）禁止建设区

哨箐面山禁止建设区面积约为25.56公顷，占哨箐面山总面积的10.39%；哨箐区块禁止建设区面积为2.12公顷，占哨箐区块总面积的2.79%。区域内禁止建设区主要是地质灾害缓冲25米范围内地区和基本农田保护区。其中基本农田保护区是为保证粮食安全，不允许建设开发的区块，而地质灾害禁止建设区是基本无植被覆盖，极易引发水土流失、滑坡等地质灾害，不适宜进行建设开发，实际中可以采用植树等方式恢复禁止建设区生态环境。

（二）适宜区

哨箐面山适宜区面积约为 80.94 公顷，占哨箐面山总面积的 32.89%；哨箐区块中适宜区面积为 32.14 公顷，占哨箐区块总面积的 43.37%。适宜区一般为坡度小于 15 度的区域，无自然植被或者植被覆盖率较低，是原有居民地、废弃采用用地、未利用地区及景观差的区域。该区域交通便捷，紧邻昆禄公路，人口相对集中，土地利用强度相对较低。该区域地势相对较为平坦，周围无严重环境污染，主要分布在平坡和阳坡范围内，光照时间充足，整个区域对生态系统服务价值较低，从景观生态学的角度看，其适宜做进一步的工业用地开发，因整个哨箐区块以及哨箐面山所处的地形地势较复杂，在开发过程中要注意防止水土流失的发生。

（三）基本适宜区

哨箐面山基本适宜区面积约为 134.16 公顷，占哨箐面山总面积的 54.52%；哨箐区块中基本适宜区面积为 38.94 公顷，占哨箐区块总面积的 51.33%，主要分布在坡度为 15~25 度的区域。该区域植被覆盖度偏低，以现状园地为主，在整个哨箐区块中连通性较好，其主要分布在研究区的中部。区域内生态系统相对稳定，容易受到外界的影响，在开发过程中需要采取一定的工程措施改善该区域的土地条件后才能进行建设开发，如将该区域改造成如梯田一样的台地，然后再进行后续的开发并配以相应的保护措施，以防治次生灾害、水土流失的发生。并且其要配合环境景观补偿措施，使得部分地块成为维持整个生态系统平衡的重要节点，提高整个区块的生态系统服务功能价值，同时严格控制建设开发的面积。

（四）不适宜区

哨箐面山不适宜区面积约为 2.10 公顷，占哨箐面山总面积的 0.85%；哨箐区块中不适宜区面积为 0.8 公顷，占哨箐区块总面积的 1.05%，主要分布在坡度 25 度以上的区域。区域内坡度较大、植被覆盖度较高，以林地占多数，从景观生态学的角度看，这类区域的生态系统服务价值较高，对整个生态系统的平衡起着至关重要的作用。通常情况其不适宜用于规划建设开发，应该以保护为主，维持整个区域生态系统的平衡。

第四节　景观生态规划

景观生态规划尤其强调对景观进行优化利用，且要与其生态条件相适应和协调，在维持研究区景观生态健康发展的同时获得长期的经济效益和社会效益。综合以上对哨箐区块、哨箐面山生态适宜性评价的结果，结合现阶段"城镇上山、工业上山，保护坝区耕地"的号召以及经济社会发展的需要，本书在实地调查的基础上，结合研究区的具体情况，提出如下景观生态规划目标：一是提高哨箐区块土地资源利用效率，提升区块工业生产能力和服务业能力，满足经济社会发展的需要，为整个哨箐村乃至富民县的可持续发展提供稳定的经济基础；二是要保护和改善哨箐面山的生态环境，以提高和改善哨箐面山生态环境质量为重点，通过绿化设计、生态廊道的建设等手段提高整个研究区内生态系统的气候调节能力，促进哨箐区块建设开发与山地景观的协调一致，创造一个社会经济效益符合山地开发需要并且功能完善、生态稳定和谐的山地景观生态系统。

一　哨箐面山景观生态规划

根据"斑块－廊道－基质"和"集聚间有间隙"模式，本书将哨箐面山划分为若干个适宜的生态功能区，以保证充分发挥各个功能区的功能，构成一个有机协调统一的山地生态系统。在哨箐面山生态适宜性综合评价分区的基础上，根据哨箐面山的自然地理特征、资源分布、景观类型特征以及生态适宜性分区情况等，综合考虑哨箐面山的社会经济发展需要，将哨箐面山划分为生态农业区、林地保护区、工业生态经济区、城镇建设区共四个功能区块，然后结合整个哨箐面山的地方乡土特色和哨箐区块低丘缓坡山地建设开发的要求，规划出基于景观生态学的山地建设开发景观生态分析图。哨箐面山景观生态功能分区、景观生态分析分别如图 6－7 与图 6－8 所示。

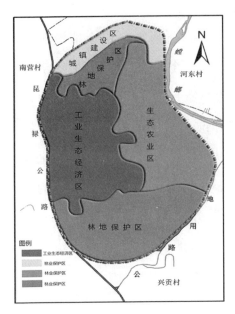
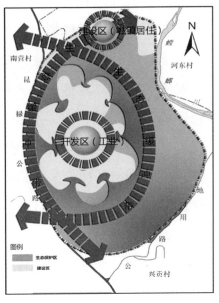

**图 6 - 7　哨箐面山景观生态　　图 6 - 8　哨箐面山景观生态分析
功能分区**

（一）生态农业区景观生态规划

生态农业区是以服务功能类型为主的区域，这类区域虽然在生态功能上的重要性不及严格保护区，但它们的存在是对严格保护区的有益补充。在国家耕地保护政策之下，严守 18 亿亩耕地红线，保障国家粮食安全是当今社会必须重视的问题，在这样的背景下保护农业生产区是十分有必要且是非常严格的。

哨箐面山原有的农业用地主要包括分布在中间部分的园地和分布在面山东面的基本农田，哨箐区块内零星分布着一些旱地和水田。其中基本农田浇灌用水主要来源于螳螂川，年产值800元/亩；哨箐区块内农业用水主要依靠人工修筑的坑塘，年产值在600元/亩左右；水田主要种植依靠水资源保障的水稻，旱地主要种植耐旱的植物包括玉米、烟草植物等。园地基本以当地适宜生长的杨梅树、冬桃树和石榴树为主，年产值在500元/亩左右。整个农业区土地利用效率低下，规划不连续，零星分布在研究区内，用水设施不完善。

根据"集中利用土地，提高土地利用效率，保障粮食生产"的原则，规划将哨箐面山的农业区集中在研究区的东面。这块区域紧邻螳螂川，水热资源丰富，土层较厚、土质较好，土壤肥力中等偏上，适宜发展农业。但长期对土地资源的不合理利用，单纯追求农业产量，对这个区域的农田系统已经造成了强烈的干扰，不适当的农地整理工程措施对土壤性状、生态系统稳定性有一定的负面影响。这些使土壤中的速效磷、速效钾下降，农田生物栖息地环境退化，而且使农业生态系统抵御灾害能力及适应环境能力下将，才会出现整个农业区年产值较低的情况。因此，在进行生态农业区规划中，十分有必要增加景观生态工程的建设内容，协调农业生产与土地可持续利用的关系。

农田景观生态工程建设应该遵循生态美学原则，土地集约利用、保护集中的农田斑块原则，保持传统文化的继承性原则。本书研究结合哨箐面山的地形地貌特点以及生态农业建设的要求，结合国内外农业景观生态建设的经验，规划建设哨箐面山3类农田景观生态工程：农田用水保障工程、农田防护生态工程、生物栖息地保护工程。

（1）农田用水保障工程

加大农业基础设施投入力度和管理水平。加快建设以渠系配套、集雨小水窖等为重点的"五小"水利工程，改善农田灌溉条件。在现有地形条件下修建三个坑塘，坑塘水域的位置最好位于低洼平坦处，一般位于农田中间，用于平常蓄水，保障农业区用水。通过修建沟渠的形式使坑塘水域的水能够被引用到农田间，在沟渠的两侧留0.5～1.0米宽的以自然植被为主的缓冲绿化带，使哨箐面山农业用水条件和生态环境状况得到较大改善。在非用水时期则将坑塘水域的水蓄满，以备农业生产时节用，这样能够缓解对螳螂川用水压力。

（2）农田防护生态工程

在哨箐面山景观生态规划中，为避免建设开发引起农田生态环境的破坏、次生灾害的发生以及农药化肥等对螳螂川的污染，需要建设农田的防护工程，包括农田坡改梯工程、农田防护林和农田护坡工程等。其中坡改梯工程主要是将基本农田改造成一台一台的梯田，尽可能减少水土流失带走肥料、泥土等；农田防护林和护坡工程主要分布在农田的边界、农田道路两侧和田坎等位置。农田防护林的标准为2～4行，行距在2～3米，因此哨箐区块农田防护林宽度一般不少于5米。区域的边界防护林采用当地最适宜生长的柏树、桉树等树木，树木之间的距离根据具体的树种确定。在农田和防护林之间需要挖一条宽度在 0.4~0.6 米、深度在 0.5 米左右的隔离沟，以减少树木根系与农作物争夺土壤肥料。在紧邻昆禄公路和生态工业区的两旁用石块、护坡草等进行护坡，以减少和防止水土流失带走农业区的土壤和肥料，减少次生灾害的发生。

（3）生物栖息地保护工程

生物栖息地保护工程包括农田斑块建设工程（规划农田斑块规整性有利于节约土地、方便耕作）和生物廊道建设工程（包括农田道路建设、田坎沟渠的修建）两个方面。生物栖息地保护工程主要分布在农田道路两侧、农田之间等位置，可以在田间地头建设生物廊道将隔离的斑块与其他斑块或者其他的廊道进行连接，以增强生物的通过性程度和各景观之间的可达性。田间路和生产路面以泥土为主，禁止混凝土硬化，沟渠护边应该以石块、泥土为主，必须修建防渗的生态型沟渠，并且农田不应该有孤立的斑块出现。

（二）林地保护区景观生态规划

生态林业是指遵循生态经济学和生态规律发展林业，是充分利用当地自然资源促进林业发展，并为人类生存和发展创造最佳状态环境的林业生产体系。在研究区规划中设置林地保护区，有利于保持整个山体生态系统平衡，林地保护区具有涵养水源，调节区域小气候，并提供生态服务功能的价值，它的存在是对区域景观生态的有益补充。

哨箐面山原有的林地分布较散，相互之间连接度不高，其主要分布在面山的四周，夹杂着居民地、坑塘水域和旱地，东南方林地连通性稍微较好，但其间也零星分散着居住用地和基本农田。从景观的生态功能看，相隔的林地调节区域小气候、涵养水源的功能性不强。

近年来，随着经济社会的发展，哨箐面山的林地面积较少，植被的种类趋向单一，林地之间也分散着生产用地。为保持山体整体景观的协调性，规划哨箐面山林地生态保护区在原有的林地基础之上，将山体北面和南面的林地和果园规划在一起，作为林地保护区，以保证生态景观的连续性。规划沿着原有林地轮廓，构建一条生态廊道。在林区内人工种植当地适宜生长的柏树、桉树以及其他的一些树木，幼年树之间的距离在2~3米，以保证成年之后的树木之间有一定的间隙地，使其能够受到阳光照射。

哨箐面山林业景观格局的改变首先需要对原有的斑块进行建设，采用退耕还林等方式，确保林地斑块能够充分发挥其生态功能。将林地间居民地统一搬出，规划到研究区的城镇建设区内，配以相应的基础设施和商业设施，以改善当地居民的日常生活条件和方便度，整理出来的居住用地，在上面种植相应的树木。林地之间的园地、分散的居民地统一进行规整，种植相应的树木，保证景观的连续性。树木的种类不宜过于单一，最好在3~4种，并发展成混交林，少发展单一种类的林地，这样能够提高群落的生物多样性与稳定性，从而增强林地的抗干扰能力和抗病虫害能力。在规划林地的同时要采取其他的措施做好林地地力的养护工作，在林地还是裸土地即植被覆盖度较低的时候，适当发展毛蔓豆等植被覆盖和适当施肥，并促使林下的灌草生长，以保持水土，保证土地资源的持续性利用。

整个哨箐面山在昆禄公路的一侧，是哨箐面山与外界联系的最主要的方式，且哨箐开发区紧邻昆禄公路，因此十分有必要在昆禄公路两侧构建相应的绿化带，其主要作用是防尘隔音，协调公路与周围环境的关系。对昆禄公路两侧的绿化要以引导视线、防尘隔音为目的，树木的选择最好以落叶树和常青树为主，树与树之间相隔 5~8 米。公路两旁边坡的绿化，要求覆盖率高，青绿期长，以当地适宜绿化的野生草为宜。在已经被水泥硬化掉的边坡，通过在其下种植爬山虎、凌霄等植物，以遮蔽被水泥硬化的构造物，缓解构造物的压迫感和粗糙感，增加美化路容的作用。

（三）工业生态经济区景观生态规划

工业生态经济区是以生态工业生产功能类型为主的区域，这类区域是实现"工业强县"的重要基础，应在开发的同时，注重生产方式的优化，尽量减少对环境的不利影响。随着信息化、生态化时代的到来，工业区的建设也出现了生态化趋势。景观生态规划将工业生态经济区与其他的功能区统一为一个整体，零排放、零污染是工业园区的理想状态。通过工业区的建设开发能够保障当地经济社会发展的需要，缩短富民县与昆明市的差距，而建设一个生态型工业经济区则是实现经济社会可持续发展的必然选择。

结合哨箐面山的实地情况和生态适宜性综合评价的结果，本书将工业生态经济区规划在研究区的西面，紧邻昆禄公路。区域内分布着林地、交通工矿用地、园地等景观类型，且以园地为主。经过实地调查发现，现有的园地中种植的是杨梅树、冬桃树和石榴树，园地是由一位外商承包并种植的，在"城镇上山、工业上山"政策的影响下，外商已将这块土地转手给政府，这个区块中的果树也被大量砍伐，实地调研看到的只是零星的一些果树，整个园地基本上呈荒芜状态。

因地形条件的限制，工业园区的规划受到很大的影响。当地是一个低丘缓坡地，不可能像平原一样直接进行建设开发，需要采取的前期工程措施也比较多。综合区域的特征和已有的建设开发经验，进行工业景观规划首先需要的是工业布局、台地的构建、基础设施的完善、生态隔离带的建设。哨箐生态工业区的工业布局集中规划在现有的园地上，因地形条件的限制，工业园区主要的规划方向应平行于昆禄公路，且需要将现有的土地构建成台地，然后在台地上进行建设，工业布局的具体情况参照总体规划图。规划建设的工业区海拔在1700～1800米，区内地形相对比较复杂，分布在0～35度的各个坡度，因此对园地进行前期工程建设，能够方便引进工业企业。台地的修建主要遵循因地制宜的原则，尽量减少工程施工量，将现有的园地规划成一台一台的方格。台地的四周需要进行护坡建设，大部分是采用浆砌护坡、挡墙等进行防护，为减少视觉冲击，遮光防眩，在台地构建以后，可在护坡墙下方种植攀援类植物，如爬上虎等；或者在其顶部栽植垂枝藤本植物，以减少水泥护坡墙、挡墙的压迫感和粗糙感。在台地的四周要规划相应的道路，道路两侧可以种植当地适宜生长的草坪，除交通用地外，其他的路面都以石头或者泥土为主，以减少对生物流的阻隔。原有的进入区块的道路在废弃的工矿用地处，结合研究区的实际情况，规划采矿用地处为进入工业园区的入口处，并设立相应的标志。工业生态经济区离富民县城较近，为避免工业企业对城区居民生活产生污染影响，规划在工业区周边建设宽约 100 米的大气污染防护林带，使工厂产生的大气污染物与人类活动集中区隔离。防护林应选择具有抗毒、吸毒、滞尘、消声和杀菌作用的树种，净化二氧化硫等污染物的树木可选用水曲柳、桑树、云杉、臭椿、夹竹桃等，净化大气总悬浮微粒的可选用云杉、刺槐、杨树、柽柳等。

同时，在产业引进时，以引进农副产品、轻纺等轻污染、少污染的项目为主，严禁生态落后、污染严重的企业如化工、皮革生产等企业进入。工业区内企业生产过程中产生的废水，必须集中进行处理，不能够直接进行排放，可以将污水集中到兴贡村那边的污水处理厂进行处理。生产过程中产生的垃圾则集中到垃圾处理厂。工业区内应该采用清洁能源，对燃煤锅炉应采用有效的脱硫除尘措施，尽量减少建设污染物的排放。

（四）城镇建设区景观生态规划

城镇建设区是非农业人口集中区、经济发展区。该区的生态环境容易受到人类活动的干扰和影响，从而破坏原有的生态系统，相应的对城镇建设区最可行的补救措施就是进行城市绿化，对生态系统进行补偿。因此，为避免盲目进行城镇建设，破坏当地生态系统，在规划建设之初就应按照景观生态学的原理和方法进行规划，严格配套绿地系统、生活设施等。

在坚持可持续发展的前提下，结合哨箐面山实际的地理位置、地形地貌特征以及生态适宜性综合评价情况，将哨箐面山的城镇建设区规划在面山的正北方向紧邻昆禄公路。在城镇建设区内规划居住用地和配套的商业设施用地，居住用地主要用于安置分散在区块内的居民，规划配套的商业设施是为了方便人们的生活。哨箐面山的生态城镇建设区以组团的形式存在，并进行相应的绿色廊道等建设。

居住组团和商业组团是人类活动的密集区域，该区域应注意生态环境建设，对日常生活垃圾进行无害化处理，提高生活废水的集中处理率。居住区的房屋以修建小高层（不超过7层）为主，住宅建筑风格体现地域特征，内部空间结构需适应现代化生产生活的需要。商业设施房屋以一到两层为主，主要为方便人们日常生活。因研究区距离富民县城较近，大型的配套商业设施在居住区内是不需要的。

在居住区内依托林业保护区，构建城镇建设用地内的绿化树木，在居住组团中心、商业组团中心、重要道路交叉位置，设置以绿化为主，以铺地为辅的各类小游园和广场绿地，广植乔木、辅以灌木和草坪，以供居民就近游玩，并美化区块景观。依据生态环境保护要求，在居住组团和商业组团四周建设生态防护林即保护绿带，将工业生产与生活安全区隔离开来，并起到协调两者环境景观的作用；此外其还能缓解城镇建设区水泥硬化造成的视觉上的冲击和对区域内生态环境的破坏。

二　哨箐区块景观生态规划

为保持整个研究区生态系统的连续性，在面山景观生态规划前提下，根据"斑块－廊道－基质"模式，结合《云南省城镇体系规划（2012－2030年)》和《昆明市城乡规划管理技术规定》，构建哨箐区块沿原有林地、道路的生态廊道，构建区块的主要发展轴和次要发展轴，构建区块的各功能组团，适应新时期"城镇上山、工业上山"的要求，建立起符合哨箐区块实际情况的以工业生产区为中心，以"轴"为骨干的景观格局，整体空间分布呈"点、线、面"相结合协调发展的景观格局状况。

"点"为哨箐区块的各功能组团和绿化节点，其中功能

组团为工业生产区、配套住宅区、管理区、配套服务区，绿
化节点为哨箐区块内地质灾害禁止建设区域。"轴"包括发
展轴和廊道，其中发展轴分为主要发展轴和次要发展轴，规
划平行于昆禄公路发展方向的为主要发展轴，垂直于昆禄公
路发展方向的为次要发展轴；廊道是指不同于两侧基质的狭
长地带，包括沿林业保护带的生态廊道、规划区内的道路以
及道路两侧带状的树木和草地。根据哨箐区块综合评价和实
地调查情况，规划原有的（沿采矿用地入口）进入区块的道
路为哨箐区块的入口处。哨箐区块景观生态分析、景观生态
功能分区分别如图 6－9 与图 6－10 所示。

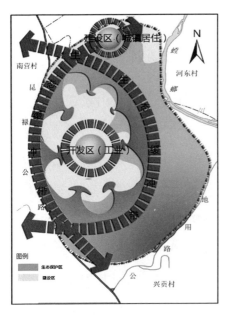

图 6－9　哨箐区块景观生态分析

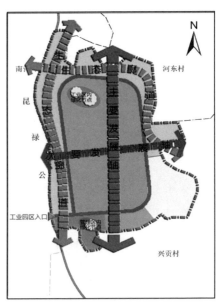

图 6－10　哨箐区块景观生态
功能分区

生态廊道规划

生态廊道通常沿着线状的地形分布，包括河流、公路、渠道等，连接着周围景观中的斑块或者节点，从而提高整体景观连接度。哨箐区块作为完整山体的一部分，紧邻昆禄公路，作为工业建设开发用地，其是受人类影响强烈的景观，必须与昆禄公路保持一定的距离，构建绿色隔离带。依据原有的景观类型，在哨箐区块功能分区图的基础上，沿分区图中林业保护带构建生态廊道，减少噪声、灰尘等污染，加强山体的协调度与生态循环。其中区块内沿昆禄公路应规划出约 30 米的植被缓冲区作为生态廊道，主要是结合现有的林地，将林地中间的园地通过人工种植的方式将其连接起来，从而增加景观的连接度，更好地起到维护生物多样性的作用。

绿化规划

哨箐区块作为工业建设开发用地，在工业生产过程中，往往会产生各种有害气体和噪声。因此，哨箐区块的绿化除了美化环境、减缓视觉疲劳外，还应起到减轻有害气体的危害、阻隔与吸收噪声等作用。结合哨箐区块实际情况，哨箐区块绿化建设包括工厂绿化、道路绿化、边坡绿化等。

工厂绿化，根据哨箐区块引进工厂的性质、规模、生产和使用特点等对绿化的不同功能和要求进行设计。以隔离工业生产的噪声、减少灰尘、吸收有害气体、改善生态环境为首要目，同时兼顾环境美观要求为设计依据。在树种的选择上，以当地适宜生长的柏树、桉树等为主，做到适地适树。在可能的情况下尽可能多增加绿地面积，绿地面积越大，其发挥的绿化功能越强。

道路绿化主要是指道路两侧的绿化建设，既要发挥绿化功能又要满足景观协调和生态效益的需要。由于整个哨箐区块都在一座山上，道路的规划是沿着地形盘旋上升的，其中很大一部分设计在边坡上面，因此，道路两旁的绿化要以稳定边坡、引导视线、遮光防线为目的，绿化宽度设计为0.8米较合适，但也要根据实际地形地势做一定的调整和修改，以保证整体的协调性。要选择适宜当地生长环境、易成活生长迅速而健硕的树种。通常情况下边坡分为土质边坡和石质边坡两种。从实际调查情况看，哨箐区块沿昆禄公路边坡和区块内边坡主要为土质，要采取工程措施稳固坡面，同时种植适宜当地生长的耐旱、根系发达、覆盖度好、有一定景观效果的草类。

禁建区规划

禁建区是为保护生态环境、自然和历史文化环境，满足公共安全、基础设施等方面的需要，在规划中禁止安排城镇、工业开发项目的区域。结合研究区实际情况，哨箐区块内禁止建设区为地质灾害禁止建设区，包括3处小型滑坡和1处小型冲沟。结合哨箐区块实际地形地貌和工业建设开发的相关规定，本书以地质灾害点25米缓冲区作为禁止建设区。从景观生态学的角度出发，禁止建设区一般是不做任何建设开发或者是必须进行整治改造后才能进行绿色建设的。

从哨箐区块功能分区图中可以看到区块中上方的两处小型滑坡和一处小型冲沟位于哨箐区块工业生产区内，另一处小型滑坡位于管理区内，从整体景观的协调性出发，将区块内地质灾害禁止建设区作为绿化节点，规划为园区中小型的绿色花园、公共绿地等，种植灌木等当地适宜生长的植物，达到防止地质灾害发生、绿化环境、维护生态系统平衡的作用。

三　哨箐面山和哨箐区块景观生态规划联系

本书从哨箐区块和哨箐面山两个范围研究低丘缓坡山地建设开发景观生态规划，通过两个研究范围的景观格局分析、生态适宜性评价，结合面山景观格局现状图得出了哨箐面山的景观生态规划方案，在哨箐面山规划的基础上结合低丘缓坡建设开发的相关规定和哨箐区块的实际情况得出了哨箐区块较详细的景观生态规划方案。

从整体上看，作为完整山体的一部分，哨箐区块的景观生态规划只有在较详细地了解了区块所在的地理位置、低丘缓坡建设开发相关的规定后才能够确定。而面山的规划分析则是哨箐区块景观生态规划的必经步骤，哨箐面山的规划为哨箐区块的规划提供指导，使规划能够较好地达到山地景观协调的作用。而哨箐区块的规划建设开发又反作用于山体的发展，哨箐区块完整、合理的规划，使整个园区开发融入山体中，既满足经济建设的需要又不影响山体的生态系统平衡，建设一个生态稳定、协调发展的山地景观。

因此，本书认为哨箐区块的景观生态规划和哨箐面山的景观生态规划之间存在不可分割的关系，面山的规划是区块规划的基础和先决条件，区块的规划又反作用于整个山体，两个范围的景观规划相互联系，缺一不可，共同建设一个生态系统稳定、可持续发展的山地景观。

第五节　景观生态规划对生态环境的贡献

（1）景观生态规划是以改善研究区景观结构，加强景观功能，提高研究区环境质量为目标的一项系统工程。其主要包括景观资料的搜集、景观生态分类和制图、景观生态适宜性分析、景观生态规划与设计、景观生态规划实施和调整等几个阶段，尤其强调研究区景观生态系统完整性和稳定性。本书以生态适宜性分析为基础，从整体上选择适合哨箐面山和哨箐区块生态适宜性分析的指标。同时哨箐面山作为一个完整的地貌单元，其生态适宜性分析为哨箐区块的景观生态规划提供一定的依据，其分析注重了研究区整体的生态环境效益。

（2）景观生态规划必须综合考虑研究区的特点和生态环境保护的需要，在规划中按照"斑块－廊道－基质"模式，使研究区的绿化节点、生态廊道、基质景观等达到统一和协调的状态，充分利用研究区的自然资源，尽最大可能获得生态环境效益的最大化。哨箐面山和哨箐区块规划，充分考虑了生态环境保护的要素，在研究区生态适宜性分析的基础上并结合景观生态规划相关理论构建了紧邻昆禄方向的绿色缓冲带，构建地质灾害禁止建设区的绿色生态节点、农田防护生态工程等生态环境保护要素，使研究区景观能够互相连通，有效减少次生灾害和环境污染。

（3）低丘缓坡是丘陵地形的一种小型形式，主要指坡度小于25度的区域，通常情况其地面崎岖不平，是由连绵不断的低矮山丘组成。因低丘缓坡山地开发利用的土地资源主要坡度在8~25度，结合云南省地质灾害分布情况，其主要分布的是小型滑坡和小型冲沟等地质灾害。利用景观生态学原理对低丘缓坡山地建设开发进行景观生态规划研究，通常情况是通过生态措施对地质灾害点的一定范围进行生态恢复，如植树、植草皮或者构建绿色节点等而不进行建设开发，这样能够有效地避免因建设开发引发地质灾害。

（4）景观生态规划的最后一步是景观生态规划实施和调整阶段，主要是将规划的内容落到实地。通过对低丘缓坡山地建设开发景观生态进行规划后，对研究区的景观规划和布局有了一个总体性的认识，在接下来的具体实施阶段能够基于规划进行环境保护措施的设计，如修建蓄水池，建设给排水、污水处理等基础设施，有效减缓山体的水土流失、减少开发对山体生态环境的影响。

因此，以景观生态学原理为指导，对低丘缓坡山地建设开发生态适宜性进行详细的分析，按照"斑块－廊道－基质"和"集聚间有间析"的模式，综合考虑研究区自然资源、土地利用现状等特点对低丘缓坡山地建设开发进行景观生态规划，能够有效防止山体地质灾害和次生灾害的发生，有利于减小建设开发对山体生态环境的影响。

第六节　结语及展望

富民县哨箐区块是云南省低丘缓坡开发的典型区域，整个区块属于完整山体的一部分，在建设开发中不仅要考虑开发区块的生态适宜性，更要关注建设开发对于整个山体的影响，以寻求一个可持续发展的模式。本书研究以 ArcGIS9.3 为支撑，充分考虑生态环境的重要性，遵循"生态优先"的原则，将基本农田、地质灾害等区域划为禁建区，利用 Arc-GIS9.3 空间分析模型，对哨箐区块和哨箐面山进行生态适宜性叠加分析，划分出不同的生态适宜区，在此基础上对哨箐面山进行景观生态分析和景观生态规划，并依据哨箐区块生态适宜性评价结果和哨箐面山景观生态规划情况对哨箐区块进行具体的景观生态规划。书中单因子生态适宜性等级的划分以及指标权重的确定都是需要进一步考虑的问题，以期找到更加合理的评价方法。

本书通过研究景观生态学原理、景观生态规划的一般步骤和方法，对哨箐面山和哨箐区块景观格局现状进行分析，选取生态适宜性评价指标对研究区进行分析，在此基础上对哨箐面山和哨箐区块进行景观生态规划。但本书对低丘缓坡山地建设开发景观生态规划的研究不够全面，仍有很多方面需要进一步研究。

（1）在研究中采用不同时期的高分辨率遥感影像图，从不同的尺度和不同的时段方面对研究区域景观格局动态演变过程进行分析，形成研究成果。

（2）景观生态学是一门涉及面非常广泛的综合学科，由于笔者知识有限，对景观生态学和景观生态规划的理解还不够深入和透彻，本书在研究中仅浅显地运用了其中的理论和原理指导哨箐面山和哨箐区块的景观生态规划，还有部分内容是笔者直接借鉴了前人的研究成果，以此对低丘缓坡山地建设开发景观生态规划提出一些粗浅的方法，低丘缓坡山地建设开发景观生态规划的内容有待进一步的深入和充实。

（3）低丘缓坡山地建设开发和景观生态学的结合还处于初步探索研究阶段，有许多细节性的问题有待深入：如何选取生态适宜性评价指标，指标的选择需要从实际的工作、研究区域具体的生态环境方面等方面做进一步的思考；如何使选取的指标权重更加科学化和合理化，除了采用常用的专家打分法、层次分析法、以及本书所使用的成对明智比较法和专家打分法的结合外，是否可以考虑将客观打分法和主观打分法进一步地结合，找到更加合理地确定指标权重的方法；如何全面准确地对低丘缓坡山地资源进行景观生态规划。目前国内对此的研究还处于空白阶段，有待进一步的探讨和研究。

参考文献

[1] 申云鹏：《基于 GIS 的低丘缓坡荒滩等未利用地开发为建设用地的适宜性评价——以会昌县为例》，《交通与建筑科学》2013 年第 2 期。

[2] 刘宏芳、袁建英：《五台山植被景观格局分析》，《山西农业大学学报》（自然科学版）2012 年第 5 期。

[3] 宁波、龚文峰：《基于 RS 和 GIS 的帽儿山土地利用适宜性评价》，《东北林业大学学报》2009 年第 2 期。

[4] 周媛、石铁矛等：《沈阳城市绿地适宜性与空间布局》，《生态学杂志》2011 年第 8 期。

[5] 李娟：《基于 GIS 和 RS 的兰州市南北两山植被覆盖动态变化研究》，硕士学位论文，西北师范大学，2009。

[6] 李婷：《基于 GIS 的低丘缓坡建设用地适宜性评价研究——以禄丰县为例》，硕士学位论文，昆明理工大学，2012。

[7] 王沈佳等：《低丘缓坡建设用地适宜性评价研究——以并开区为例》，《农村经济与科技》2013 年第 8 期。

[8] 周建飞等：《基于不确定性的城市扩展用地生态适宜性评价》，《生态学报》2007 年第 2 期。

［9］季菲菲、吉文丽等：《基于土地适宜性的新农村规划——以高台县侯庄村为例》，《西北林学院学报》2013 年第 5 期。

［10］童颖：《长春净月潭国家级生态示范区生态环境规划研究》，硕士学位论文，东北师范大学，2007。

［11］王瑞贤：《我国长沙黄兴国家生态工业园区规划设计的研究》，博士学位论文，东北师范大学，2005。

［12］易兴翠：《基于景观生态学的土地整理项目规划设计研究》，硕士学位论文，华中农业大学，2010。

［13］宋晓航等：《谈工业园区的景观生态规划》，《山西建筑》2012 年第 9 期。

［14］孙青丽、姚崇怀：《基于 GIS 的武汉经济技术开发区绿地景观生态规划》，《安徽农业科学》2007 年第 35 期。

［15］俞孔坚等：《生态校园的综合设计理念与实践——辽宁公安司法管理干部学院新校区设计》，《建筑学报》2012 年第 3 期。

［16］俞孔坚等：《从区域到场所：景观设计实践的几个案例》，《建筑创作》2003 年第 3 期。

［17］陈博旻：《江南山地建筑中环境景观设计研究》，浙江农业大学，硕士论文，2012。

［18］彭晓烈：《沈阳市居住景观生态规划研究》，硕士学位论文，浙江大学，2006。

［19］代郦郦：《基于可持续发展的工业园区景观规划设计——以昆山高新技术产业开发区（玉山镇）为例》，硕士学位论文，南京农业大学，2011。

［20］俞孔坚等：《不确定目标的多解规划研究——以北京大环文化产业园的预景规划为例》，《规划方法》2004 年第 3 期。

［21］杨培峰、胡上春：《山地城市生态建设控制性规划初探——以攀枝花市攀密片区控制性详细规划方案为例》，《四川建筑》2007年第2期。

［22］时嘉凯：《上海市青浦区景观格局分析与景观生态规划研究》，硕士学位论文，东华大学，2008。

第七章　基于 OWA 的大理市土地生态安全评价

　　土地是人类赖以生存与发展的物质基础，土地资源的安全直接关系到人类的生存发展。随着社会经济的迅速发展和城市化水平的不断提高，人类对生态环境的影响不断加大，水土流失、土壤植被破坏、土地功能退化等土地生态环境问题日益严重，这严重制约了土地资源的可持续利用与社会经济的可持续发展。因此，土地生态安全问题受到社会各界的广泛关注，越来越多的学者尝试通过土地生态安全评价研究来识别人类对土地生态环境的影响程度及土地生态环境的脆弱区域，以期为土地资源的合理开发利用与生态环境破坏的治理提供参考。

　　国内外学者在土地生态安全评价方面进行了大量的研究，土地生态安全的评价技术方法也日益成熟。Pieri C. 从土地资源可持续发展角度出发，构建了包括水土流失程度、森林覆盖率和土地盐碱化等土地生态安全评价指标体系。Murge 认为土壤是土地资源的重要组成部分，将关系土壤安全的土壤养分和有机质含量等指标纳入土地生态安全评价的指标体系。目前，国内土地生态安全评价方法尚在探索时期，常借助于其他相关领域的已有模型，大致可以分为生态模型法、景观模型法、数学模型法和数字模型法 4 大类。

当前大多数的土地生态安全方法均为对选取的评价指标进行简单的加权叠加分析，这样导致了部分有明显限制性的因子被其他因子所替代，结果无法显示限制性因子的重要性。

OWA 结合 GIS 进行应用在国外相对较多，在我国 OWA 多准则决策分析模型多应用于土地适宜性评价、地质灾害防治、设施选址、水体矿产等资源评价与管理方面。OWA 与 GIS 结合对土地生态安全进行评价的研究还很少。

总的来说，国内外在土地生态安全评价方面研究成果颇丰。土地生态安全评价是一个典型的多准则决策问题。因此，本书在传统土地生态安全评价方法的基础上，以大理市为研究区，运用 OWA 模型来模拟决策者在不同风险偏好下的土地生态安全评价结果，以期为 OWA 模型在土地生态安全评价应用的理论与实践上提供现实依据，同时以期为决策者提供更加全面的决策依据。

第一节　OWA 技术原理与方法

一　OWA 技术原理

有序加权平均算子（OWA）是美国学者 Yager 于 1988 年提出的一种控制因子权重合并的方法，其通过将各项指标数据按照其属性值的大小重新排序，依据各指标位序赋予不同的次序权重并加权聚合，以反映决策者在各项指标重要度排序不同时的决策结果。公式如下：

$$OWA_i = \sum_{j=1}^{n} \left(\frac{u_i v_j}{\sum_{j=1}^{n} u_i v_j} \right) Z_{ij} \tag{7.1}$$

式中，Z_{ij} 为第 i 个像元中第 j 项指标对应的属性值，u_j 为准则权重，$u_j \in [0, 1]$，且 $\sum_{j}^{n} u_j = 1$，v_j 为次序权重，$v_j \in [0, 1]$，且 $\sum_{j}^{n} v_j = 1$。

二 OWA 算子权重的确定

OWA 方法的关键在于次序权重的测算，目前次序权重确定的方法有最大熵规划模型、最小离差模型和模糊量化模型。其中模糊量化模型，计算量小，易于理解，应用比较广泛。其具体计算公式如下：

$$vj = (\sum_{k=1}^{j} wk)^{\alpha} - (\sum_{k=1}^{j-1} wk)^{\alpha} \tag{7.2}$$

式中，α 为决策风险系数，取决于决策风险，取值范围为 $0 \sim \infty$，wk 为指标重要等级，通常依据指标数值大小确定，可用以下公式计算：

$$wk = \frac{n - rk + 1}{\sum_{l}^{k} (n - rl + 1)} \quad (k = 1, 2, \cdots, n) \tag{7.3}$$

式中，n 表示指标的总个数，rk 为根据指标数值大小对指标重要性的取值，最大值取 1，次大取 2，最小取 n。

第二节 基于 OWA 的大理市土地生态安全评价过程

一 土地生态安全评价指标体系的构建

建立科学、合理的指标体系，是决定生态安全评价结果准确性和合理性以及保障土地生态安全评价顺利进行的关键。本书在综合考虑上述指标选取原则的基础上，结合大理市土地生态安全现状，借鉴国内外相关研究，从自然生态环境角度出发，选取自然因子、生态环境因子、景观因子三个层面共 16 项评价指标，构建大理市土地生态安全评价指标体系，并运用层次分析法对各指标的准则权重进行测算。大理市土地生态安全评价准则权重计算结果见表 7 - 1。

表 7 - 1 大理市土地生态安全评价准则权重计算结果

目标层 (A)	要素层 (B)	要素层权重	指标层 (C)	准则权重
大理市土地生态安全评价 (A)	自然因子 (B₁)	0.4	水土流失敏感度 (C_1)	0.1128
			坡向 (C_2)	0.0226
			地形起伏度 (C_3)	0.0342
			地质灾害易发性 (C_4)	0.1291
			土壤保持重要程度 (C_5)	0.046
			植被覆盖度 (C_6)	0.0553
	生态环境因子 (B₂)	0.4	生物丰度指数 (C_7)	0.0229
			生物多样性保护 (C_8)	0.0757
			生态环境弹性度 (C_9)	0.0408

目标层（A）	要素层（B）	要素层权重	指标层（C）	准则权重
大理市土地生态安全评价（A）	生态环境因子（B_2）	0.4	生态系统服务价值（C_{10}）	0.0347
			25 度以上耕地面积比重（C_{11}）	0.1167
			水面用地比重（C_{12}）	0.1091
	景观因子（B_3）	0.2	景观多样性指数（C_{13}）	0.0243
			景观均匀度指数（C_{14}）	0.0380
			景观蔓延度指数（C_{15}）	0.0841
			景观分离度指数（C_{16}）	0.0537

二　次序层权重的测算

本书选取模糊量化法结合 7 种不同决策风险系数来进行次序权重的计算，决策风险系数 α 取值分别为 0.0001、0.1、0.5、1、2、10、1000。首先按照各个土地生态安全指标数值大小对指标重要性进行排序，以此确定 16 个指标的重要性等级 rk 从大到小依次取值为 1、2、3……16，根据公式 7.3 计算各指标的重要程度 wk 的值为 16/136、15/136、14/136……1/136。依据公式 7.2 计算得到不同决策风险系数 α 下的次序权重。大理市土地生态安全评价次序权重计算结果见表 7–2。

表 7–2　大理市土地生态安全评价次序权重计算结果

决策风险系数		$\alpha \to 0$ (0.0001)	$\alpha = 0.1$	$\alpha = 0.5$	$\alpha = 1$	$\alpha = 2$	$\alpha = 10$	$\alpha \to \infty$ (1000)
OWA 次序权重	v_1	1	0.8073	0.3430	0.0625	0.0138	0.0000	0
	v_2	0	0.0552	0.1344	0.0625	0.0381	0.0000	0
	v_3	0	0.0328	0.0978	0.0625	0.0575	0.0000	0

续表

决策风险系数		$\alpha \to 0$ (0.0001)	$\alpha = 0.1$	$\alpha = 0.5$	$\alpha = 1$	$\alpha = 2$	$\alpha = 10$	$\alpha \to \infty$ (1000)
OWA 次序 权重	v_4	0	0.0230	0.0778	0.0625	0.0724	0.0002	0
	v_5	0	0.0174	0.0644	0.0625	0.0830	0.0011	0
	v_6	0	0.0138	0.0543	0.0625	0.0898	0.0043	0
	v_7	0	0.0111	0.0463	0.0625	0.0930	0.0124	0
	v_8	0	0.0091	0.0395	0.0625	0.0929	0.0282	0
	v_9	0	0.0075	0.0336	0.0625	0.0900	0.0535	0
	v_{10}	0	0.0062	0.0284	0.0625	0.0844	0.0872	0
	v_{11}	0	0.0050	0.0237	0.0625	0.0766	0.1239	0
	v_{12}	0	0.0040	0.0193	0.0625	0.0668	0.1551	0
	v_{13}	0	0.0031	0.0152	0.0625	0.0554	0.1709	0
	v_{14}	0	0.0023	0.0112	0.0625	0.0427	0.1632	0
	v_{15}	0	0.0015	0.0074	0.0625	0.0290	0.1288	0
	v_{16}	0	0.0007	0.0037	0.0625	0.0147	0.0711	1
对应方法		OWA (布尔 AND)	OWA	OWA	OWA (WLC)	OWA	OWA	OWA (布尔 OR)
风险态度		最悲观,避险	悲观	比较悲观	无偏好,中等风险	比较乐观	乐观	最乐观,冒险

注：IDRISI 软件中准则值按升序排列。

第三节 大理市土地生态安全评价结果与分析

在 IDRISI 软件的 MCE 模块中进行 OWA 多准则决策评价，得到不同决策风险系数下的大理市土地生态安全评价结果，并研究参考黄翠婷等人的研究成果，将大理市土地生态安全指数值按照生态安全状态划分为重警状态（0~0.2）、中警状态（0.2~0.4）、预警状态（0.4~0.6）、较安全状态（0.6~0.8）、安全状态（0.8~1）。

一　悲观风险态度下的对比分析

本书研究以决策风险系数 $\alpha = 0.0001$、0.1、0.5 时的土地生态安全评价结果来表征决策者在悲观风险态度下的决策结果。研究结果表明：当 $\alpha = 0.0001$ 时相当于执行布尔决策的逻辑交集 AND 运算。此时的运算是针对同一评价单元求其所有影响因子中的最低值，其决策者是规避风险的态度，即持悲观态度，因而此时的决策风险也相对最小，决策结果也最为乐观。此时，大理市整体生态安全水平非常差，大部分区域处于生态安全重警状态，仅有喜洲镇西部、上关镇东北部少量地区处于预警和中警状态。

当决策风险系数 α 为 0.1 时，大理市整体生态安全水平依旧很差，每个评价单元的次序权重依旧按照属性值大小进行排序赋值，虽然此时已经有少量属性值较大的指标参与评价，但最终结果仍由属性值小的指标决定。此时的土地生态安全结果非常接近于布尔决策的交集运算（AND），相比于决策风险系数 $\alpha = 0.0001$ 时的土地生态安全状况稍有改善，但结果仍旧不乐观，除挖色镇的部分区域土地生态安全水平由重警状态变为中警状态外，其余地区变化不大。

当决策风险系数为 0.5 时，属性值排位在前几位的几项

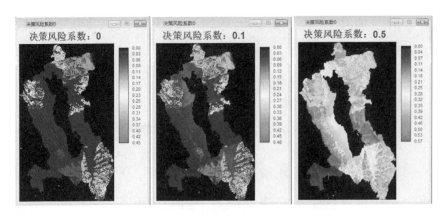

图 7 - 1　悲观风险态度下的评价结果

指标所占的权重较大，其对土地生态安全评价结果影响较大，各因子权重之间的差异在逐渐减小，最小属性值所占的次序权重逐渐减小，其最终结果逐渐变大，此时的结果接近于 WLC 运算。此时，大理市的土地生态安全水平较差，大部分区域处于中警状态和重警状态，仅有 8.24% 的区域处于预警状态，零星分布在喜洲镇、凤仪镇以及上关镇，而太邑乡、海东镇以及湾桥镇、银桥镇、大理镇、下关镇的西部地区处于重警状态，其他地区如双廊镇、挖色镇虽然零星分布着重警区，但大多数区域处于中警状态。悲观风险态度下的评价结果如图 7 - 1 所示。

由此可见，当决策风险系数由 0.0001 变为 0.5 时，决策者对风险的态度虽然由最悲观转变为比较悲观，决策者虽然愿意承担一定的风险，但愿意承担的风险较小，因而得到决策结果仍旧较为乐观，土地生态安全状况整体有所好转。

二　中等决策风险下的结果分析

中等决策风险下的评价结果如图 7－2 所示，当决策风险系数 α 为 1 时，相当于传统的权重线性组合方法（WLC），此时没有任何指标对最终的生态安全评价结果起决定性作用，其结果主要取决于准则权重的大小，此时的风险为中等风险。研究结果表明：大理市生态安全整体处于预警状态。生态较安全区大部分连片分布在坝区，少部分分布在上关镇和喜洲镇坝区范围以外的其他区域中，生态安全中警区主要分布在太邑乡。与决策者持悲观态度时的评价结果进行对比，可以发现整个区域的生态安全水平有明显的增长趋势，除少数部分地区维持其

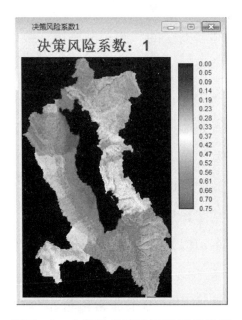

图 7－2　中等决策风险下的评价结果

原有的生态水平，大部分区域的生态安全水平有所提升，这说明随着决策风险系数 α 的递增，生态安全水平值逐渐增大，此时决策者对风险无明显的偏好，其态度处于由保守向冒险过渡的临界点。

三　乐观风险态度下的对比分析

乐观风险态度下的评价结果如图 7 – 3 所示，本书研究以决策风险系数 $\alpha = 2$、10、1000 时的土地生态安全评价结果来表征决策者在乐观风险态度下的决策结果。研究结果表明：当决策风险系数 α 为 2 时，大理市整体生态安全水平处于预警状态和较安全状态。其中预警区面积所占比例较大，较安全状态所占比例较小，其中上关镇、喜洲镇以及凤仪镇的生态安全状况处于预警状态和较安全的状态；湾桥镇、银桥镇、大理镇的大部分地区处于预警状态，其坝区范围内的部分区域处于较安全状态，少数地区为中警区；双廊镇大部分区域为预警区，极少比例的生态中警状态零星分布其中；挖色镇大部分区域呈现出预警状态，少数地区为中警状态；生态安全状况较差的是下关镇，只有极少数地区的生态安全状况处于较安全状态，大多数区域处于预警状态，还有少数区域处于中警状态；生态安全状况最差的是海东镇以及太邑乡，基本处于中警状态。

当决策风险系数 α 为 10 时，决策者愿意承担一定的风险，此时的土地生态安全结果非常接近布尔决策的并集运算（OR），评价结果较之决策风险系数为 2 时较大，即意味着

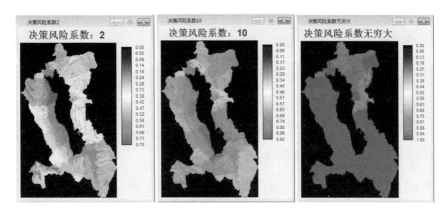

图 7－3　乐观风险态度下的评价结果

决策风险在逐渐加大。研究结果显示大理市的土地生态安全
水平较高，95% 以上的区域处于较安全和安全状态。将此生
态安全评价结果与行政区以及坝区范围叠加对比后发现，该
决策风险系数下的生态安全区均在大理市低丘缓坡土地资源
综合开发利用专项规划中的坝区范围内，而预警区主要位于
上关镇和挖色镇。

　　以决策风险系数 $\alpha = 1000$ 时的结果表征 α 无限趋近于 ∞
时的土地生态安全结果，此时该决策相当于布尔决策的逻辑
并集 OR 运算，即针对同一评价单元求其各因子中的最高值，
最终的评价结果由次序权重最大的指标的属性值决定。此时
决策者对待风险的态度是乐观的，即其愿意承担最大的风
险，因而得到的评价结果风险最大。研究结果显示，当决策
风险系数无限趋近于 ∞ 时，大理市除上关镇、双廊镇、挖色
镇以及湾桥镇西部部分地区土地生态安全状态处于较安全状

态外，其余乡镇均处于安全状态。

第四节　结论

本章将 OWA 多准则评价模型引入大理市土地生态安全评价体系，将准则权重与次序权重相结合，以 IDRISI 为媒介，实现 OWA 与 GIS 的融合，从而评价不同决策风险水平下的大理市土地生态安全水平，得到以下结论。

（1）在本书研究中当决策风险系数 α 分别取值为 0、0.1、∞ 时，得到的结果是大部分区域处于重警状态或是生态安全状态，这样的评价结果在实际应用中并不具有现实意义，但是可以明显体现出决策者的不同态度对评价结果的影响。

（2）当决策风险系数分别为 1、2、10 时，土地生态安全评价等级出现上升的趋势，当决策风险系数为 1 时，整体生态安全水平最好的区域为洱海以西的平坝区范围，生态安全水平最差的为太邑乡，其他区域生态安全水平较好。这主要是由于太邑乡的多项单指标的生态安全指数均处于较差的水平，而坝区相对自然生态环境质量较好。

（3）当决策风险系数由 1 向 10 变化时，原本生态安全水平最差的太邑乡的生态安全水平逐渐提升。当决策风险系数为 0.5 时，洱海以西的乡镇以坝区范围线为分界线，相较于风险系数为 1 时的预警状态，分界线以西的区域生态安全等级水平呈现为重警状态。

（4）当决策者特别看重生态风险时，其在做决策时就会选择较为保守的评价方法，规避可能存在的风险，这时选取 α 为 0.5 时的土地生态安全评价结果更符合实际及其需求；当决策者既看重生态风险，又注重社会经济等方面的限制性因素时，就会结合 α 为 1 时的结果进行建设开发选址；当决策者更加注重社会经济等方面的限制性因素并且愿意冒一定的生态风险时，α 为 2 和 10 时的结果对决策者而言更具现实意义，选择 α 为 10 时的评价结果所冒风险要大于 α 为 2 时的结果，因为决策者可以根据其愿意承担的风险大小进行选择。

参考文献

［1］程志光：《中国土地可持续利用与人地系统调控》，北京科学出版社，2007。

［2］张虹波、刘黎明：《土地资源生态安全研究进展与展望》，《地理科学进展》2006 年第 5 期。

［3］余健等：《熵权模糊物元模型在土地生态安全评价中的应用》，《农业工程学报》2012 年第 5 期。

［4］Tegen l, Lacis A A, Fung l, "The influence on climate forcing of mineral aerosols from disturbed soils," *Nature*, 1996, 380 (6573): 419–422.

［5］Pieri C. et al. , *Land Quality Indicators* (Washington: World Bank Discussion, 1995), p. 51.

［6］Murage et al. , "Diagnostic indicators of soil quality in productive and

Non – Prodective small holdersfields of Kenyas Central Highlands," *Agriculture Ecosystem and Environment*, 2000, 79 (99): 1 – 8.

［7］吴未、谢嗣频：《中国土地生态安全评价研究进展与展望》，《河北农业科学》2010 年第 5 期。

［8］翟雅男等：《空间多准则决策及其在资源环境领域中的应用》，《安全与环境工程》2015 年第 3 期。

［9］修丽娜：《基于 OWA – GIS 的区域土地生态安全评价研究》，博士学位论文，中国地质大学，2011。

第八章 大理市低丘缓坡生态经济区功能布局

随着"十二五"时期大理市经济的快速发展、人口的聚集、交通及基础设施建设的加快、房地产市场蓬勃发展局面的形成，城镇化速度越来越快，建设用地需求量大增，坝区建设用地远远不足，难以满足快速城市化发展的需求。因此，大理市开始进行低丘缓坡土地资源开发建设，生态经济功能布局的研究对保持区域可持续发展具有十分重要的意义。

本书以大理市低丘缓坡生态经济区为例，基于功能分区的定义，结合区域经济发展等理论，在充分考虑了山区生态单元的完整性、系统性的基础上，对大理市低丘缓坡生态经济进行分区，不仅为后续有效布设山区经济项目提供了参考，而且为低丘缓坡的区划研究奠定了理论基础，具有重要的理论意义和现实应用价值。

第一节 国内外研究现状

19世纪初德国洪保得（Humboldt）绘制了世界上第一张等温线图，他认为气候与植被之间存在一定的关系，并指出气候同样与纬度、海拔高度、距海远近及风向等因素有关，这为生态区划的研究奠定了思想基础。最早进行区域规划的是孟利亚姆（Merriam），他于1898年的研究中首次以生物作为自然分区的依据，将美国的生命带和农作物带按照一定的规律进行了详细划分。随着生态经济学的兴起和发展，生态经济区划的研究也逐渐走向更成熟更科学的阶段，20世纪60年代末美国经济学家鲍尔丁（Boulding）发表论文《一门科学——生态经济学》，标志生态经济学思想的诞生。近年来，随着环境问题的凸显，生态与经济相结合的规划研究越来越多，这类研究已经适应时代潮流的发展趋势，各国生态学家不再局限于纯自然生态区划，而是将人类活动在自然区划中的作用和地位日益凸显出来，综合考虑生态、经济、社会的生态经济区划也应运而生。生态与经济的双向思维观、协调发展观、生态经济与持续发展的思维观等一套完整的生态经济思维观念体系随着研究的不断深入而逐步建立与完善。

20世纪80年代初，我国开始在农业区划中结合生态学，将生态规划应用到区域农业的经营管理中，逐步进行区域性的农业生态区划工作。1988年侯学煜出版《中国自然生态区

划与大农业发展战略》，他根据温度和生态系统的差异将我
国划分为 6 个温度带以及 22 个生态区，每个区划单元的自
然特点不同，因此各个区的农业发展方向也不同，这本书的
研究将自然区划与农业经营相结合，是这一阶段生态农业区
划最重要的成果。随着 1987 年《生态经济学》的出版，我
国生态经济学作为独立学科建立起来，生态经济学也作为独
立理论研究体系初步建成。1992 年联合国环境与发展大会提
出可持续发展观念，适应目前发展局势，如何协调社会经济
发展与保护生态环境，促进区域经济社会可持续发展，已成
为我国众多学者需要考虑的问题，因此我国的生态经济区划
研究高潮随之而来。如高群等人采用自上而下的生态指标与
自下而上的社会经济指标，运用 GIS 分析手段对云阳县进行
区划研究；李雷霆等人以行政县（区）为基本单位，基于
GIS 和 BP 神经网络的生态经济分区研究；史世莲等人基于格
网的甘肃省生态经济分区研究。在生态经济分区的基础上，
开展的主体功能定位研究，如刘滨等人的鄱阳湖生态经济区
主体功能分区研究；以及生态经济系统的耦合研究，如王介
勇等人的黄河三角洲区域生态经济系统动态耦合过程及趋势
研究。这些研究采用定量分析与定性分析相结合的方法，运
用 SPSS 和 GIS 软件，突破传统的行政区界限，促进了生态经
济区划研究更深一步发展。

第二节 研究区概况及数据来源

一 大理市概况

大理市作为大理白族自治州的州政府驻地,是大理州政治、经济、文化中心,位于云南省中西部,地形主要以高原、盆地为主,呈现西北高、东南低、四周高、中间低的总体特征。总面积为 173863.33 公顷,全市低丘缓坡总面积占全市土地面积的 49.22%。市内最高海拔为 4122 米,最低海拔为 1340 米,属典型的亚热带高原季风气候区。2011 年末,大理市总人口为 60.99 万,人口自然增长率为 2.61‰,城市化水平为 51.5%。生产总值完成 2163220 万元,其中第一产业增长 6%,第二产业增加值增长 16.4%,第三产业增长 12.6%;人均生产总值为 33026 元,比上年增长 18.91%。大理市辖下关、大理、凤仪、喜洲、湾桥、银桥、挖色、海东、上关、双廊和太邑 11 个乡镇,市人民政府驻地为下关镇。

二 大理市低丘缓坡分布区的界定

结合大理市地形地貌情况,在大理市划定的坝区范围以外,将主要坡度在 8~25 度的低丘缓坡资源划为大理市低丘缓坡资源,范围界定:坝区范围以外、扣除 25 度以上集中连片区域(大于 50 公顷)、扣除洱海和水库水面以及

海拔在 3000 米以上的土地。大理市辖区总面积为
173863.33 公顷，全市低丘缓坡总面积为 85606.33 公顷，
占全市土地面积的 49.24%。大理市低丘缓坡资源分布如
图 8 - 1 所示。

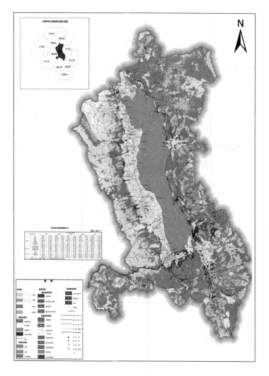

图 8 - 1 大理市低丘缓坡资源分布

资料来源：大理市低丘缓坡专项规划。

根据大理市低丘缓坡专项规划定义的大理市低丘缓坡资
源，其中坡度为 15 ~ 25 度面积所占低丘缓坡总资源面积比重
最大，其次分别为 25 度以上、8 度以下、8 ~ 15 度。大理市低
丘缓坡土地资源统计详见表 8 - 1。

表8-1 大理市低丘缓坡土地资源统计

单位：公顷；%

土地利用分类		低丘缓坡土地资源									
		8度以下		8~15度		15~25度		25度以上		合计	
		面积	比例	面积	比例	面积	比例	面积	比例	面积	比例
农用地	耕地	4538.21	28.18	2639.02	16.39	7742.80	48.08	1183.21	7.35	16103.24	18.81
	园地	624.71	26.10	489.35	20.44	1140.92	47.66	138.91	5.80	2393.88	2.80
	林地	8299.93	15.56	5193.07	9.73	25041.96	46.94	14818.01	27.77	53352.96	62.32
	牧草地	515.97	80.87	63.57	9.96	37.35	5.85	21.16	3.32	638.05	0.75
	其他农用地	64.11	60.11	16.48	15.45	23.90	22.41	2.17	2.04	106.66	0.12
	合　计	14042.93	19.34	8401.49	11.57	33986.92	46.82	16163.46	22.27	72594.79	84.80
建设用地	城乡建设用地	1228.76	36.89	592.87	17.80	1161.22	34.86	348.34	10.46	3331.19	3.89
	交通水利用地	355.05	42.08	121.62	14.41	252.81	29.96	114.34	13.55	843.83	0.99
	其他建设用地	74.56	16.15	91.68	19.86	228.60	49.53	66.71	14.45	461.55	0.54
	合　计	1658.37	35.77	806.18	17.39	1642.62	35.43	529.39	11.42	4636.57	5.42
其他土地	水域	1.69	81.41	0.16	7.73	0.15	7.04	0.08	3.82	2.08	0.00
	自然保留地	1305.03	15.59	1114.31	13.31	3717.47	44.40	2236.08	26.71	8372.89	9.78
	合　计	1306.72	15.60	1114.47	13.31	3717.61	44.39	2236.16	26.70	8374.97	9.78
合　计		17008.02	19.87	10322.14	12.06	39347.15	45.96	18929.01	22.11	85606.33	100.00

资料来源：大理市低丘缓坡专项规划。

从大理市低丘缓坡专项规划定义的大理市低丘缓坡资源分布图可以看出,若直接将专项规划已划定的低丘缓坡资源作为研究对象,将不利于对大理市低丘缓坡生态经济区进行划分。因此,我们运用 ARCSWAT 软件将大理市低丘缓坡划分为 97个区块。在 GIS 技术支持下,采用均质的地理网格单元作为研究单元,更能适应当地的生态环境要求。ARCSWAT 作为基于GIS 之上的分布式流域水文模型,本书将其运用于大理市低丘缓坡生态经济区研究尺度的划定,以此来研究大理市低丘缓坡区,将破碎的低丘缓坡单元整合成 97 个完整区块。大理市低丘

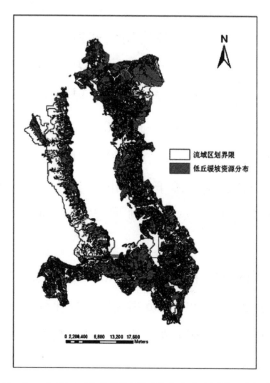

图 8 - 2　大理市低丘缓坡资源分布与流域区划对比

缓坡资源分布与流域区划对比如图 8 – 2 所示，本书的研究区范围将大理市低丘缓坡专项规划划定的低丘缓坡区基本覆盖。

三　数据收集及标准化处理

开展大理市低丘缓坡生态经济功能分区涉及的相关资料：（1）大理市 2011 年土地利用变更调查数据；（2）《大理市土地利用总体规划（2010 – 2020 年）》，包括规划文本、说明及规划图件数据库；（3）《大理市低丘缓坡土地综合开发利用专项规划（2012 – 2016 年）》，包括规划文本、说明及数据库；（4）《大理市生态建设规划（2009 – 2020）》；（5）《云南省大理市地质灾害防治规划（2011 – 2020 年）》；（6）《大理白族自治州大理市矿产资源规划（2008 – 2015 年）》；（7）《大理市林地保护利用规划（2010 – 2020 年）》；（8）《大理市城市总体规划（2010 – 2025 年）》；（9）大理市 2011 年社会经济统计数据；（10）2011 年大理市乡村统计数据。以上资料分别来源于大理市国土资源局、大理市环保局、大理市林业局、大理市规划局及大理市 2011 年统计年鉴。

将搜集到的数据采用正规化标准法进行数据标准化处理，把所有的数据根据指标的正负相关性标准化到 0 ~ 1 的范围内，并将以基层行政区为统计单元的社会经济数据按照一定的规则分配到地理网格中。

第三节　大理市低丘缓坡生态经济区区划

生态经济区划是指从自然要素、生态要素、社会经济发展状况出发，根据其内在规律和空间分布状况的不同，按照可持续发展理论、生态经济学等理论，为实现经济社会生态的可持续发展而划分的融合生态和经济要素的地域单元。

生态经济区划的复杂性和综合性的特征决定了其应该将自然和人文有机结合起来，在指标的选取上必须做到全面、系统，指标应包含自然、社会、经济、生态方面的影响因素。根据大理市低丘缓坡区生态经济系统的关系和特点，参考联合国可持续发展委员会的可持续发展指标体系及前人研究的生态经济综合评价指标体系，结合大理市低丘缓坡当地特殊的地形地貌特点，制定了大理市低丘缓坡生态经济分区指标体系，其见表 8 - 2 包括自然系统、经济系统、社会系统、生态环境系统等四个方面 20 个指标。

表 8 - 2　大理市低丘缓坡生态经济分区指标体系

目标层	准则层	方案层	指标效应
大理市低丘缓坡生态经济综合发展指标	自然系统 B_1	地质灾害易发性 C_{11}	-
		断裂带距离 C_{12}	-
		地基承载力 C_{13}	+
		坡向 C_{14}	+

目标层	准则层	方案层	指标效应
大理市低丘缓坡生态经济综合发展指标	自然系统 B_1	子流域坡度 C_{15}	−
		相对高差 C_{16}	−
		子流域内的最长路径 C_{17}	+
	经济系统 B_2	农民人均收入 C_{21}	+
		农村经济总收入 C_{22}	+
		第二、三产业收入占比 C_{23}	+
	社会系统 B_3	人均粮食产量 C_{24}	+
		人口自然增长率 C_{31}	−
		城镇化率 C_{32}	+
		人均拥有林果地面积 C_{33}	−
		人口密度 C_{34}	−
	生态环境系统 B_4	乡村人口按教育程度占比 C_{35}	+
		单位化肥投入量 C_{41}	−
		植被覆盖度 C_{42}	+
		劳均耕地面积 C_{43}	−
		单位农药投入量 C_{44}	−

注：+ 正指标 ；− 逆指标

一　一级分区指标数据处理与分析

一般情况下，高层次的单元划分，主要以不能改变或很不容易改变的自然因素为依据，本书研究主要考虑在大理市低丘缓坡区生态经济发展中起主要作用的自然环境影响因素和控制农林牧生产发展方向必不可少的因子以及影响人类生存居住必不可少的地质环境、地址灾害等因子，其主要有地质灾害易发性、断裂带距离、地基承载力、坡向、子流域坡度、相对高差、子流域内的最长路径等指标,同时适当考虑地质类型、地貌格局等指标。

本书在进行一级分区时采用系统聚类法进行聚类分析,将这7个指标和97个评价单元构成97×7的数据矩阵,用平方欧氏距离来定义数据点之间的距离,反复进行类与类之间的归并,直至得到所需的结果为止。通过以上系统聚类方法,得到一级分区聚类分析树状谱系图,如图8-3所示。

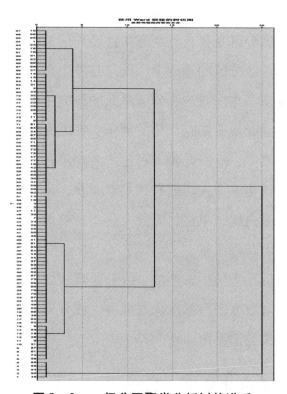

图8-3 一级分区聚类分析树状谱系

将 97 个评价单元按照聚类分析的冰柱图和树形图进行划分，将其落在 GIS 软件中的图斑上，按照求大同存小异原则，将大理市低丘缓坡生态经济区划分为 6 个自然生态区。其分别为 I 次级流域低丘生态经济区，II 起始流域山地生态经济区；III 流域出水口山地生态经济区，IV 山坝过渡区流域生态经济区，V 混流河段流域山地生态经济区，VI 坝区流域生态经济区。

二 二级分区指标数据处理与分析

一级自然分区是在自然生态条件差异的情况下划分的，二级分区是在一级分区的基础上，反应自然生态区内经济社会要素的发展规律。本书对二级分区单元的研究主要考虑对大理市经济社会发展起重要影响作用的因子：农民人均收入，农村经济总收入，第二、三产业收入占比，人均粮食产量，人口自然增长率，城镇化率，人均拥有林果地面积，人口密度，乡村人口按教育程度占比，单位化肥投入量，植被覆盖度，劳均耕地面积，单位农药投入量。

大理市低丘缓坡生态经济二级分区步骤如下：对指标进行分析解释→对数据进行标准化处理→主成分分析→聚类分析得到二级分区聚类谱系图。

（一）主成分分析

对贡献率和累积贡献率进行计算，选取贡献率超过一般标准（80%）的将其确定为主成分，利用主成分因子得分组成一个新的数据矩阵。

（1）将原始数据进行标准化处理

将97个区划单位，13个指标，组成一个97×13的原始数据矩阵。运用正规化标准法，把数值标准化到0~1的范围内。

（2）因子提取

前6个公共因子的初始特征值大于1，且在变量总方差中所占的累计百分数达82.143%，所以这6个公因子基本能够综合反映分区的生态社会经济状况。主成分、特征值、方差贡献率与累积方差贡献率见表8－3。

表8－3　主成分、特征值、方差贡献率与累积方差贡献率

单位:%

成分	初始特征值			提取平方和载入		
	合计	方差	累积	合计	方差	累积
1	5.001	33.339	33.339	5.001	33.339	33.339
2	2.239	14.925	48.264	2.239	14.925	48.264
3	1.748	11.657	59.920	1.748	11.657	59.920
4	1.568	10.455	70.376	1.568	10.455	70.376
5	1.263	6.418	76.794	1.263	6.418	76.794
6	1.002	5.349	82.143	1.002	5.349	82.143
7	.681	4.540	86.682	.681	4.540	86.682
8	.537	3.579	90.261	.537	3.579	90.261
9	.409	2.725	92.985	.409	2.725	92.985
10	.358	2.384	95.370	.358	2.384	95.370

解释的总方差

成分	初始特征值			提取平方和载入		
	合计	方差	累积	合计	方差	累积
11	.237	1.582	96.952	.237	1.582	96.952
12	.169	1.129	98.081	.169	1.129	98.081
13	.154	1.026	99.107	.154	1.026	99.107
14	.112	.743	99.851	.112	.743	99.851
15	.022	.149	100.000	.022	.149	100.000

解释的总方差

注：提取方法为主成分分析。

（二）聚类分析

本书在进行二级分区时采用系统聚类法进行聚类分析，对确定的主成分构成的数据矩阵，采用平方欧氏距离来定义数据点之间的距离。按照离差平和法反复进行类与类之间的归并，最终得到二级分区系统聚类树状谱系图，如图8-4所示。聚类的初步结果是可以把大理市低丘缓坡区划分为8类。

三 大理市低丘缓坡生态经济区的划分

利用主成分分析（PCA）、聚类分析（CA）和GIS相结合的方法进行大理市低丘缓坡生态经济分区。一级分区自然指标数据应用ARCGIS9.3，采用自然隔断法将其进行分类，然后将这些自然指标值输入SPSS中通过系统聚类法进行运算，对划

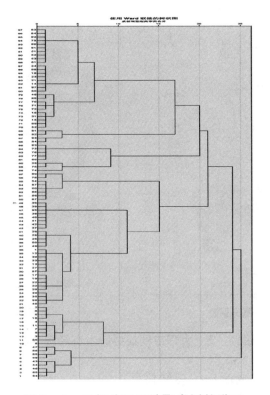

图 8 - 4　二级分区系统聚类树状谱系

分结果在 GIS 软件中添加一级分区属性，落实到图斑上，根据区域共轭原则按主要类型区进行合并，将大理市低丘缓坡区划分为 6 个自然生态区，一级区分如图 8 - 5a 所示。对经济社会数据进行网格化处理，对经济社会生态指标值标准化处理后，将其输入 SPSS 中，通过主成分分析法和系统聚类法进行求算，对划分结果在 GIS 软件中添加二级分区属性，落实到图斑上。将一级分区和二级分区进行合并处理，将大理市低丘缓坡区进一步划分为 35 个生态经济区，二级分区如图 8 - 5b 所示。

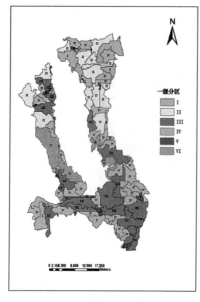 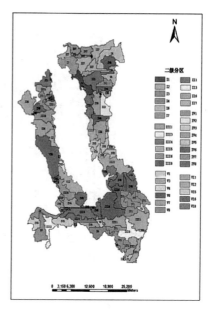

a 一级分区图　　　　　　　b 二级分区图

图8-5　大理市低丘缓坡生态经济分区

Ⅰ次级流域低丘生态经济区

Ⅰ1旅游发展服务区；Ⅰ2旅游接待服务区；Ⅰ3粮食生产区；Ⅰ4民俗旅游服务区；Ⅰ6森林保育区；Ⅰ7特色高效农业生产区。

Ⅱ起始流域山地生态经济区

Ⅱ1旅游发展配套区；Ⅱ3林果业发展区；Ⅱ6森林果产业发展一体区；Ⅱ7粮果生产区。

Ⅲ流域出水口山地生态经济区

Ⅲ1粮果生产区、餐饮休闲观光旅游区；Ⅲ3粮食生产区；Ⅲ4观光旅游服务区；Ⅲ5生态农业发展区；Ⅲ6森林保育区；Ⅲ8特色产业园区。

Ⅳ山坝过渡区流域生态经济区

Ⅳ1 粮果加工区、森林保育区；Ⅳ2 旅游服务接待区；Ⅳ3 粮农生产区；Ⅳ4 休闲度假区；Ⅳ5 新城开发区；Ⅳ6 森林保育区；Ⅳ7 生态农业生产区；Ⅳ8 经济开发区。

Ⅴ混流河段流域山地生态经济区

Ⅴ1 综合农业一体化发展区；Ⅴ3 果园发展区；Ⅴ4 生态农业发展区；Ⅴ6 森林保育区；Ⅴ7 粮食生产区；Ⅴ8 城市拓展区。

Ⅵ坝区流域生态经济区

Ⅵ1 综合旅游发展服务区；Ⅵ2 旅游城镇一体化发展区；Ⅵ5 特色产业发展区；Ⅵ6 育林保护区；Ⅵ8 城镇综合发展区。

第四节　大理市低丘缓坡生态经济区主体功能定位

生态经济区功能定位应明确生态经济区在生态经济社会系统中所起的作用和影响，及其对自身及周围环境的效用和影响。因此，功能定位应满足生态系统与经济社会系统的协调发展以及突出经济发展的比较优势和重点功能这两个条件；同时也要考虑其生态屏障、水源涵养、休闲观光、文化保护和生物多样性的承载作用和城市发展腹地等生态、生产和生活功能。

一　经济发展的优势评价

经济结构一般能够客观地反映出哪些资源是决定经济发展

的首要因素,而各产业的从业人口情况可以间接地反映出产业经济结构。对大理市 2011 年统计年鉴进行汇总整理,从中可以看出从事第一产业的人口比率明显比第二、三产业的都要高。这表明以农业资源开发利用为主要特征的农业生产在整个大理市低丘缓坡生态经济区中具有重要地位,以工业和建筑业为主的第二产业以及以旅游餐饮服务业为主要特点的第三产业均位于次要地位。随着大理市社会经济的快速发展,旅游服务性产业有望在一定时期内成为主导大理市低丘缓坡生态经济区经济发展的支柱性产业。

二 农业资源优势评价

农业资源是大理市低丘缓坡生态经济区发展的决定性资源。本书参考相关资料研究,确定用资源优势度法来评价各生态经济区内的农业资源优势。农业资源优势度评价计算公式如下:

$$C' = \frac{c_i/p_i}{\sum_i c_i / \sum_i p_i} \tag{8.1}$$

式中,C'指各项农业资源优势度,代表农业资源的丰缺程度;i 为生态经济单元数;c_i 表示第 i 个生态经济单元的耕地面积;p_i 为第 i 个生态经济单元的土地面积。

对 2011 年大理市土地利用变更调查数据中基期地类图斑进行地类提取,将其与大理市低丘缓坡生态经济区进行叠加分析,以此为基础进行评价计算,经济优势评价见表 8-4。

表 8 - 4　经济优势评价

经济区	耕地优势度	园地优势度	林地优势度
I 1	1.398	7.676	0.482
I 2	0.182	0.000	1.256
I 3	1.471	0.718	1.014
I 4	0.353	0.271	1.275
I 6	0.333	0.002	1.382
I 7	0.860	3.074	0.887
II 1	1.566	2.225	0.715
II 3	0.894	1.250	0.915
II 6	0.734	0.479	1.035
II 7	1.626	0.091	0.998
III 1	0.913	0.099	1.121
III 3	0.972	0.870	1.108
III 4	0.335	0.889	1.162
III 5	1.676	2.413	0.652
III 6	0.016	0.004	1.349
III 8	1.848	1.085	0.585
IV 1	1.358	0.348	0.991
IV 2	0.062	0.000	1.215
IV 3	1.658	0.288	0.921
IV 4	0.001	0.000	1.362
IV 5	1.988	5.293	0.623
IV 6	0.844	0.827	1.151
IV 7	1.521	0.334	0.985
IV 8	0.920	2.378	0.792
V 1	0.591	0.049	1.296

经济区	耕地优势度	园地优势度	林地优势度
V3	0.659	0.000	1.234
V4	0.535	0.014	1.201
V6	1.117	1.287	0.970
V7	1.461	0.000	1.106
V8	1.428	2.730	0.572
VI1	1.270	0.000	0.481
VI2	0.290	0.652	1.314
VI5	0.759	0.372	0.754
VI6	0.038	0.013	1.312
VI8	1.325	0.984	0.560

由表 8 - 4 可知，耕地资源优势度高与较高的经济区比较集中，其中Ⅱ1、Ⅱ7、Ⅲ5、Ⅲ8、Ⅳ3、Ⅳ5、Ⅳ7 区的耕地资源优势度比较强，农业发展潜力大。园地优势度主要集中在Ⅰ1、Ⅰ7、Ⅳ5 区，林地优势度分布比较均匀，主要分布在Ⅰ6、Ⅲ6、Ⅳ6 区。

三 矿产资源优势评价

矿产资源评价，一般采用矿产资源优势度进行计算，其公式：

$$M = \sum aSi \tag{8.2}$$

式中，M 为求取的矿产资源优势度，i 为矿产资源类型数，

a 为矿井规模系数，Si 为主要类型矿产资源评价得分。本文主要根据《大理白族自治州大理市矿产资源规划（2008－2015年)》中提供的主要矿产分布图，结合大理市低丘缓坡生态经济区划图进行叠加分析，得出大理市低丘缓坡生态经济区主要矿产分布，见表8－5。

表8－5　大理市低丘缓坡生态经济区主要矿产分布

单位：公顷；%

生态经济区	矿产分布面积	矿产分布占本区面积比例	主要矿业类型
Ⅰ1	0.671	0.03	锰矿
Ⅰ13	6.713	0.17	砂岩矿
Ⅰ7	11.282	0.46	砂岩矿
Ⅱ1	12.722	0.23	石灰岩矿
Ⅱ3	4.125	0.24	石灰岩矿、砂岩矿
Ⅱ6	96.271	0.93	石灰岩矿、灰岩矿、锰矿
Ⅲ1	339.011	3.32	砂岩矿、石灰岩矿、金矿
Ⅲ3	42.989	0.94	石灰岩矿、砂岩矿、粘土矿
Ⅲ4	2.459	0.05	页岩矿
Ⅲ5	78.623	1.71	石灰岩矿、砂岩矿、玄武岩、粘土矿
Ⅲ8	74.610	1.14	页岩矿、粘土矿、砂岩矿、石灰岩矿
Ⅳ1	4.767	0.05	砂岩矿、石灰岩矿
Ⅳ6	20.056	0.47	砂岩矿、锰矿
Ⅳ8	87.733	1.43	页岩矿、粘土矿、砂岩矿、石灰岩矿、火山灰
Ⅴ1	5.417	0.61	砂岩矿、灰岩矿
Ⅴ3	15.594	16.00	砂岩矿
Ⅵ8	29.752	1.83	石灰岩矿、砂岩矿、页岩矿

由表 8 - 5 可知，大理市低丘缓坡生态经济区矿产资源分布占本区面积比重最高的地区为Ⅴ3，较高的区域比较分散，主要为Ⅲ1、Ⅲ5、Ⅳ8。Ⅲ1 矿产资源分布面积最大，矿产资源发展潜力大；Ⅱ6、Ⅲ5、Ⅲ8、Ⅳ8 矿产资源分布面积还比较突出，有望得到进一步开发。

四　人口集聚度

人口集聚可以描述为一定地理范围内的部分甚至全部人口，基于某种原因，向某一或多个特定区域聚集的现象、过程以及趋势。人口集聚度能够反映区域人口的集聚程度，与人口丰度具有同等的价值含义。本书研究应用人口集聚度分级评价方法，将各生态经济区根据标准划为不同等级的人口集聚区。其计算公式如下：

$$JJD_i = \frac{(P_i/P_n) \times 100\%}{(A_i/A_n) \times 100\%} = \frac{P_i/A_t}{P_n/A_m} \tag{8.3}$$

式中，JJD_i 指 i 经济区的人口集聚度，P_i 是经济区 i 的人口数量（人），A_i 是经济区 i 的土地面积（公顷），A_n 是大理市低丘缓坡生态经济区总土地面积（公顷），P_n 是大理市低丘缓坡生态经济区总人口（人）。

参照刘睿文、封志明等人的研究，人口集聚度一般可以划分为人口高度密集区、中度密集区、低度密集区以及人口密度均上区等八个级别。本书研究基于大理市低丘缓坡生态经济区人口集聚度的分布特征，结合人口数量，生态经济区划分标准可以被定义为人口集聚度相对稀疏地区（0 < JJD < 0.5）、人

口低度密集地区（JJD > 2）、人口密度均下区（0.5 < JJD < 1）和人口密度均上区（1 < JJD < 2）。大理市低丘缓坡生态经济区人口集聚度见表 8-6。

表 8-6　大理市低丘缓坡生态经济区人口集聚度

经济区	人口集聚度	集聚度分类
I 1	0.4434	人口相对稀疏区
I 2	1.1978	人口密度均上区
I 3	0.3651	人口相对稀疏区
I 4	2.2540	人口低度密集区
I 6	0.3458	人口相对稀疏区
I 7	0.9411	人口密度均下区
II 1	0.4990	人口相对稀疏区
II 3	0.5552	人口密度均下区
II 6	0.7613	人口密度均下区
II 7	0.4732	人口相对稀疏区
III 1	0.7184	人口密度均下区
III 3	0.4258	人口相对稀疏区
III 4	2.5081	人口低度密集区
III 5	0.5344	人口密度均下区
III 6	1.9093	人口密度均上区
III 8	1.4543	人口密度均上区
IV 1	0.6034	人口密度均下区
IV 2	2.0924	人口低度密集区
IV 3	0.2331	人口相对稀疏区
IV 4	2.8202	人口低度密集区
IV 5	0.5285	人口密度均下区
IV 6	0.6771	人口密度均下区

经济区	人口集聚度	集聚度分类
IV7	0.6518	人口密度均下区
IV8	1.9522	人口密度均上区
V1	0.6391	人口密度均下区
V3	0.5557	人口密度均下区
V4	2.8811	人口低度密集区
V6	0.7518	人口密度均下区
V7	0.8454	人口密度均下区
V8	2.8811	人口低度密集区
VI1	1.0982	人口密度均上区
VI2	2.4172	人口低度密集区
VI5	0.5277	人口密度均下区
VI6	1.4107	人口密度均上区
VI8	0.5326	人口密度均下区

五 大理市低丘缓坡生态经济区主体功能定位

在对各生态经济区经济发展优势以及产业结构选择分析的基础上，大理市低丘缓坡生态经济区各经济区功能定位见表8-7。

表8-7 大理市低丘缓坡生态经济区各经济区功能定位

生态经济区	功能定位
I 1	特色粮果种植业、环洱海特色旅游
I 2	旅游接待服务、
I 3	粮食生产
I 4	民俗旅游服务接待
I 6	森林保育、水土保持、自然生态保护和改善
I 7	特色高效农业生产

续表

生态经济区	功能定位
Ⅱ1	旅游发展配套、餐饮服务旅游综合体、现代农业
Ⅱ3	现代果园业发展
Ⅱ6	森林果产业发展一体化、名优特农产品种植、矿产开发
Ⅱ7	粮菜生产、生态农业
Ⅲ1	粮果生产、餐饮休闲观光旅游、矿产开发、综合自然生态保护
Ⅲ3	粮食生产、高效生态农业
Ⅲ4	观光旅游服务、民族特色手工业
Ⅲ5	生态农业、矿产开发利用
Ⅲ6	森林保育、生物多样性保护
Ⅲ8	特色产业园、综合城镇经济、矿产开发、特色生态农业
Ⅳ1	粮果加工区、轻工业发展区
Ⅳ2	特色旅游服务接待、现代旅游城镇
Ⅳ3	粮农生产、绿色食品加工一体化
Ⅳ4	休闲度假、风景名胜开发
Ⅳ5	粮果农一体化生产、新城开发
Ⅳ6	森林保育、综合自然生态保护
Ⅳ7	生态农业生产
Ⅳ8	生态旅游、物流产业、建材加工、现代贸易
Ⅴ1	综合农业一体化、自然生态保护
Ⅴ3	果园发展、矿产开发、森林保护
Ⅴ4	特色农业和旅游业
Ⅴ6	森林保育、自然生态保护
Ⅴ7	现代农业、生态保护
Ⅴ8	城市拓展、风景名胜观光、生态旅游
Ⅵ1	综合旅游发展服务、生态旅游
Ⅵ2	旅游城镇一体化、传统手工业加工
Ⅵ5	特色产业综合发展、城镇综合经济
Ⅵ6	生态保护、特色生态旅游
Ⅵ8	城镇综合经济、建材业加工、城市拓展区

第五节　研究区生态经济功能分区
概述和协调发展模式

一　大理市低丘缓坡生态经济功能分区概述

本书通过对相关规划进行概述，结合大理市低丘缓坡生态经济区与行政区划界限的对比，得出了大理市低丘缓坡生态经济区与行政区划界限对比图，如图8－6所示。

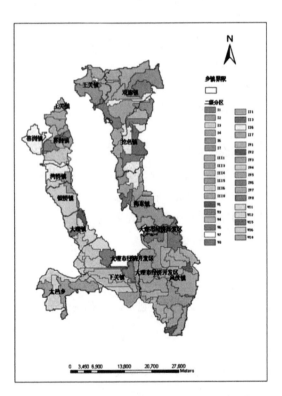

图8－6　大理市低丘缓坡生态经济区与行政区划界限对比

根据《大理市城市总体规划（2010－2025 年）》和《大理生态州建设规划（2009－2020 年）》，大理市相关规划一般按照乡镇村等行政单元进行功能定位。本书通过对相关规划进行概述，结合大理市低丘缓坡生态经济区与行政区划界限对比图，为大理市低丘缓坡生态经济分区结果和功能定位进行完善，使之形成更加科学合理的分区方案。

Ⅰ1 主要位于双廊镇和喜洲镇，发展旅游配套产业。

Ⅰ2 主要位于湾桥镇，重点发展生态农业、观光农业，建设农贸型城镇。

Ⅰ3 主要位于太邑乡，大力发展特色粮食和高效生态农业，建设无公害蔬菜生产基地。

Ⅰ4 主要位于下关镇和凤仪镇南部，重点成为商贸、餐饮、休闲观光旅游业以及特色生态农业（花卉）种植基地。

Ⅰ6 主要位于双廊镇东部和挖色镇东北部，发展果品加工工业。

Ⅰ7 主要位于上关镇，紧靠洱海，发展成为特色高效农业生产基地。

Ⅱ1 主要位于上关镇和双廊镇，发展旅游业、食品加工业、民族传统工艺品。

Ⅱ3 主要位于挖色镇东部，发展为林果产业基地。

Ⅱ6 主要位于湾桥镇、挖色镇中部和喜洲镇，实现森林果产业发展一体化、名优特农产品种植。

Ⅱ7 主要位于双廊镇和上关镇北部，发展成为现代农业产业化基地。

Ⅲ1 主要位于喜洲镇东北部，优先发展民俗旅游业、民族食品加工业、民族传统工艺品和旅游产品生产。

Ⅲ3 主要位于太邑乡东部和凤仪镇中部，发展无公害、有机农产品，提高农产品附加值。

Ⅲ4 主要位于下关镇中部，建立游客集散服务中心，承担旅游信息服务、游客集散、娱乐休闲等服务功能，打造成为全市旅游的门户与窗口。

Ⅲ5 主要位于海东镇大部分地区和挖色镇西部，要做强生态农业；适度开发矿产资源，加大矿产开发的生态修复力度。

Ⅲ6 主要位于大理镇、下关镇和喜洲镇，由于海拔高，其主要为林业资源，需要进行森林保育、生物多样性保护，改善生态环境。

Ⅲ8 主要位于凤仪镇和大理经济技术开发区，适度开展矿产资源勘探开发，以矿产开发补偿费支持当地生态环境建设。

Ⅳ1 主要位于凤仪镇东部和西南部，积极发展民族特色传统手工艺品加工业。

Ⅳ2 主要位于大理镇东北部，努力建成特色旅游服务接待与现代旅游城镇新型结合体。

Ⅳ3 主要位于太邑乡东部和西部，加大水稻良种选育和稻米绿色食品化生产，实现粮农生产、绿色食品加工一体化发展。

Ⅳ4 主要位于下关镇西部和南部，充分发挥生态旅游资源的独特优势，把生物多样性的保护与特色旅游相结合。

Ⅳ5 主要位于海东镇中部，大力开发新城建设，实现粮果农一体化生产，发展高效生态农业。

Ⅳ6 主要位于喜洲镇、挖色镇东北部和大理镇西部，加强本区的生态保护力度。

Ⅳ7 主要位于双廊镇和上关镇北部，提高农产品加工深度，增加农产品附加值。

Ⅳ8 主要位于海东镇、下关镇、凤仪镇和大理经济技术开发区，将物流产业、建材加工、现代贸易相结合，积极发展外向型经济。

Ⅴ1 主要位于喜洲镇，区块面积较小，加快实现综合农业一体化与自然生态保护相协调的发展模式。

Ⅴ3 主要位于凤仪镇，区块面积较小，尽力发挥区域矿产资源优势，把生态环境保护与开发各类资源紧密结合。

Ⅴ4 主要位于下关镇，区块面积较小，加快实现农产品深加工，提高旅游产品与农产品附加值。

Ⅴ6 主要位于喜洲镇，区块面积小，发展农副产品加工业，饮料和茶叶生产，建设现代农业产业化园区。

Ⅴ7 主要位于双廊镇和上关镇，区块面积较小，把生物多样性的保护与特色旅游相结合。

V8 主要位于下关镇，区块面积较小，积极发展生态农业、观光休闲农业。

VI1 主要位于湾桥镇东部，建设成特色旅游服务接待与现代旅游城镇新型结合体。

VI2 主要位于大理镇东部和下关镇东部，建成特色民族传统手工业加工基地。

VI5 主要位于海东镇西部，实现特色产业综合发展，城镇综合经济持续稳定增长。

VI6 主要位于银桥镇、大理镇、湾桥镇西部，将生态旅游资源与生物多样性的保护相结合。

VI8 主要位于海东镇西南部和大理经济技术开发区，主要发展为新技术、新材料工业园区。

二　研究区土地利用与生态环境协调发展

通过分析国内外的生态经济区综合治理与开发经验，结合低丘缓坡土地利用的特点和土地利用功能分区的结果，针对低丘缓坡土地资源开发利用面临的环境问题，本书从以下两方面构建大理市低丘缓坡生态经济区土地利用与生态环境协调发展模式。

（一）产业结构调整

产业结构是区域经济各产业之间以及各产业部门内部的构成关系，而产业结构的调整又改变着土地利用结构和功能，影响土地利用的空间布局。低丘缓坡生态经济区产业结构调整主要是调整农业、林业、工业、旅游服务业等各部门之间的关系以及各部门的内部关系。通过开展生态经济区土地利用功能体系的研究，明确了各单元的主导功能，并以此为依据对各功能区的产业结构进行合理布局和调整，以促进研究区土地利用功能定位效果的落实。

（二）发展与保护相协调机制

研究区目前面临的问题是发展与保护的矛盾，然而，以保护为目的的土地开发利用会在一定程度上剥夺生态功能区居民的生存权，限制其经济发展，无法达到生态效益与经济效益的统一。因此，以生产方式和生活方式进步为标志，生态效益与经济效益的协调发展，以生态补偿机制解决在生态保护中存在的环境利益与经济利益不协调的矛盾，使大理市低丘缓坡区成为融人文景色和自然风光于一体的森林式、环保式、园林式、可持续发展的特色生态区，成为经济发展潜力大、文化特色浓、人居生活条件佳、社会安定和谐的地区。

第六节　研究结论与展望

本书在参考已有的生态经济区划研究的基础上，运用模型构建、系统分析、地理信息系统等手段对大理市低丘缓坡区进行生态经济区划分，并进行功能定位研究，得出以下几方面的结论。

1. 根据 ARCSWAT 软件划分出 97 个区块评价单元，在此基础上进行评判，明确这 97 个基本区划单元的大尺度地理地貌差异。

2. 本书通过构建大理市低丘缓坡生态经济区划的指标体系，运用 ARCGIS 软件和 SPSS 分析软件，采用主成分分析和聚类分析方法，把大理市低丘缓坡区划分为六个一级区，将这六个一级区再细分为 35 个生态经济区。

3. 把人口聚集度、矿产资源分布情况、农业资源优势度划分到大理市低丘缓坡生态经济区 35 个经济区块上进行分析，系统归纳总结大理市低丘缓坡生态经济区功能及其分布格局，并对大理市低丘缓坡土地利用与生态环境发展协调模式进行探讨等。

实证研究部分在数据收集和分区方法选择等方面存在一定的局限，有待改进提高。低丘缓坡区自然生态环境以及经济社会发展状况差异明显，在功能定位研究中，本书也仅从大的方向考虑，而忽略了其他对功能定位产生影响的因素。由于数据难以收集和相关理论研究还未深入，如何将生态经济区细化，进而细化功能定位，是今后需要继续探究的问题。

参考文献

［1］ Merriam CH, *Life zones and crop zones of the United States*. Bull.
Div. Biol. Surv. 10. Washington, DC. U. S. Department of Agriculture.
1898. 1 – 79.

［2］ 徐中民、张志强、程国栋：《当代生态经济的综合研究综述》，《地
球科学进展》2000 年第 6 期。

［3］ 王丽：《生态经济区划理论与实践初步研究——以黄山市为例》，
硕士学位论文，安徽师范大学，2005。

［4］ 侯学煜：《中国自然生态区划与大农业发展战略》，科学出版社，
1988。

［5］ 王松霈：《生态经济学》，陕西人民教育出版社，2000。

［6］ 高群、毛汉英：《基于 GIS 的三峡库区云阳县生态经济区划》，《生
态学报》2003 年第 1 期。

［7］ 李雷霆、吕家恪、张洪：《基于 GIS 和 BP 神经网络的生态经济分
区研究》，《决策咨询》2009 年第 11 期。

［8］ 史世莲等：《基于格网的甘肃省生态经济分区研究》，《干旱区地
理》2012 年第 6 期。

［9］ 刘滨等：《鄱阳湖生态经济区主体功能分区研究》，《中国土地科
学》2009 年第 7 期。

［10］ 王介勇、吴建寨：《黄河三角洲区域生态经济系统动态耦合过程
及趋势》，《生态学报》2012 年第 15 期。

［11］ 桑玲玲：《基于网格的高标准基本农田空间定位与重构研究》，博

士学位论文，中国农业大学，2012。

［12］ Day. J C，"Zoning – lessons from the Great Barrier Reef Marine Park," *Ocean & Coastal Management*，2002，45（2 - 3）：139 - 156.

［13］徐中民、张志强、程国栋：《当代生态经济的综合研究综述》，《地球科学进展》2000 年第 6 期。

［14］张青峰、吴发启、王力：《黄土高原生态经济区功能定位研究》，《中国生态农业学报》2010 年第 6 期。

［15］周立华、樊胜岳、王涛：《黑河流域生态经济系统分析与耦合发展模式》，《干旱区资源与环境》2005 年第 5 期。

［16］刘兴元、王锁民、郭正刚：《半干旱地区农业资源的复合经营模式及生态经济耦合效应研究》，《自然资源学报》2004 年第 5 期。

［17］袁远、海热提、马映军：《新疆绿洲环境容量计算》，《城市环境与城市生态》2003 年第 6 期。

［18］姜逢清等：《绿洲规模扩张的阀限与预警指标体系框架建构》，《干旱区资源与环境》2002 年第 1 期。

［19］孙久文：《区域经济规划》，商务印书馆，2004。

［20］刘耀彬、李仁东、宋学峰：《中国区域城市化与生态环境耦合的关联分析》，《地理学报》2005 年第 2 期。

［21］林慧龙、肖金玉、侯扶江：《河西走廊山地 - 荒漠 - 绿洲复合生态系统耦合模式及耦合宏观经济价值分析——以肃南山地 - 张掖北山地区荒漠 - 临泽绿洲为例》，《生态学报》2004 年第 5 期。

［22］侯景新、尹卫红：《区域经济分析方法》，商务印书馆，2005。

图书在版编目（CIP）数据

低丘缓坡山地生态开发初探：理论与案例／张洪等
著. -- 北京：社会科学文献出版社，2016.11
（西南边疆山地区域开发开放协同创新中心研究丛书）
ISBN 978 - 7 - 5097 - 9914 - 7

Ⅰ.①低… Ⅱ.①张… Ⅲ.①山地 - 生态 - 开发 - 研
究 - 西南地区 Ⅳ.①F323.212

中国版本图书馆 CIP 数据核字（2016）第 253142 号

·西南边疆山地区域开发开放协同创新中心研究丛书·

低丘缓坡山地生态开发初探
——理论与案例

著　者／张　洪等

出 版 人／谢寿光
项目统筹／宋月华　杨春花
责任编辑／周志宽　于晶晶

出　　　版／社会科学文献出版社·人文分社（010）59367215
　　　　　　地址：北京市北三环中路甲29号院华龙大厦　邮编：100029
　　　　　　网址：www.ssap.com.cn
发　　　行／市场营销中心（010）59367081　59367018
印　　　装／三河市尚艺印装有限公司

规　　　格／开　本：787mm×1092mm　1/16
　　　　　　印　张：14　字　数：147千字
版　　　次／2016年11月第1版　2016年11月第1次印刷
书　　　号／ISBN 978 - 7 - 5097 - 9914 - 7
定　　　价／69.00元

本书如有印装质量问题，请与读者服务中心（010 - 59367028）联系

［23］张青峰、吴发启、王力：《黄土高原生态经济区功能定位研究》，《中国生态农业学报》2010 年第 6 期。

［24］肖克炎、王勇毅：《中国矿产资源评价新方法新模型》，地质出版社，2006。

［25］刘睿文等：《基于人口集聚度的中国人口集疏格局》，《地理科学进展》2010 年第 10 期。